"读原著·学原文·悟原理"丛书

DUYUANZHU XUEYUANWEN WUYUANLI

《哲学的贫困》这样学

孙熙国 张 梧 | 主编

吴 波 | 著

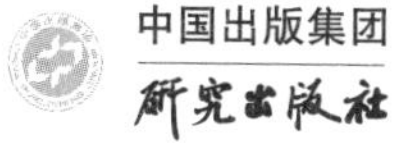

图书在版编目 (CIP) 数据

《哲学的贫困》这样学 / 吴波著. -- 北京 : 研究出版社, 2022.4

ISBN 978-7-5199-1230-7

Ⅰ. ①哲… Ⅱ. ①吴… Ⅲ. ①《哲学的贫困》-马克思著作研究 Ⅳ. ①A811.21

中国版本图书馆CIP数据核字(2022)第049712号

出 品 人：赵卜慧
出版统筹：张高里　丁　波
责任编辑：朱唯唯
助理编辑：何雨格

《哲学的贫困》这样学
ZHEXUE DE PINKUN ZHEYANGXUE
吴波　著
研究出版社 出版发行
（100006　北京市东城区灯市口大街100号华腾商务楼）
北京中科印刷有限公司印刷　新华书店经销
2022年4月第1版　2023年1月第3次印刷
开本：787毫米×1092毫米　1/32　印张：3.75
字数：50千字
ISBN 978-7-5199-1230-7　定价：28.00元
电话（010）64217619　64217612（发行部）

“读原著·学原文·悟原理”
丛书编委会

编委会主任

孙熙国，北京大学马克思主义学院教授、博导，北京大学习近平新时代中国特色社会主义思想研究院常务副院长，北京大学学位委员会马克思主义理论学科分会主席，国家“万人计划”教学名师，中央马克思主义理论研究和建设工程课题组首席专家，国务院学位委员会马克思主义理论学科评议组成员，教育部马克思主义理论类专业教学指导委员会副主任委员。兼任国际易学联合会会长，中国历史唯物主义学会副会长，北京市高教学会马克思主义原理研究会会长。

在《哲学研究》等刊物发表学术论文百余篇，著有《先秦哲学的意蕴》《马克思主义基本原理前沿问题研究》(第一作者)等，主编高校哲学专业统一使用重点教材《中国哲学史》，主编全国高中生统用教科书《思想政治·生活与哲学》《思想政治·哲学与文化》，获首届全国优秀教材一等奖。主持“马藏早期文献与马克思主义在中国的早期传播”“马克思主义基本原理的学科对象与理论体系”等国家哲学社会科学重大项目和重点项目。

孙蚌珠，经济学博士，教授。现任北京大学马克思主义学院党委书记、习近平新时代中国特色社会主义研究院副院长。教育部高等学校思想政治理论课教学指导委员会委员总教指委主任委员、“形势与政策”和“当代世界经济和政治”分指导委员会主任委员。马克思主义研究和建设工程首席专家，国家义务教育教科书“道德与法治”编委会主任，国家统编高中思想政治教材《经济与社会》主编、国家中等职业学校思想政治教材编委会主任。中国政治经济学学会副会长、中国《资本论》研究会副会长。主要从事政治经济学、中国特色社会主义经济理论与实践研究，获得过北京市科学技术进步二等奖，是全国首届百名优秀“两课”教师、全国思想政治理论课影响力标兵人物、北京市高等学校教师名师、国家“万人计划”教学名师、享受国务院政府特殊津贴专家。

孙代尧，北京大学法学学士、硕士和博士。现任北京大学博雅特聘教授、社会科学学部学术委员和马克思主义学院学术委员会主任，《北京大学学报（哲学社会科学版）》主编。曾任马克思主义学院副院长、学位委员会主席、教育部高校思政课教学指导委员会委员。

先后入选国务院政府特殊津贴专家、中宣部全国文化名家暨“四个一批”人才、国家“万人计划”第一批哲学社会科学领军人才；担任中央马克思主义理论研究和建设工程专家、中国科学社会主义学会副会长等。

主要从事马克思主义理论、社会主义历史和理论等领域的教学和研究。担任教育部哲学社会科学研究重大课题攻关项目、国家社科基金重大项目首席专家。科研成果曾获北京市哲学社会科学优秀成果一等奖等多个奖项。

张梧，哲学博士。现为北京大学哲学系助理教授、研究员、博士生导师，中国人学学会秘书长、北京大学中国特色社会主义理论体系研究中心研究员、济宁干部政德学院“尼山学者”。主要研究方向是马克思主义哲学史、社会发展理论等。曾著有《马克思恩格斯〈德意志意识形态〉研究读本》《社会发展的全球审视》等学术专著，在《哲学研究》等核心期刊发表论文 30 余篇。

代序

马克思主义可以这样学

马克思主义应该怎样学？马克思主义经典著作应该怎样读？北京大学马克思主义学院以博士生的“马克思主义经典著作研读”课为抓手，进行了积极的探索，走出了一条“读原著、学原文、悟原理”的新路子，逐步形成了马克思主义理论专业人才培养的“北大模式”。

北京大学具有学习、研究和传播马克思主义的光荣传统。北京大学是中国马克思主义的发祥地，是中国共产党最早的活动基地，是中国马克思主义理论教育的诞生地。1920 年，李大钊在北大开设了“唯物史观”“工人的国际运动与社会主义的将来”“社会主义与社会运动”等马克思主义理论课程和专题讲座，带领学生阅读马克思主义经典著作，公开讲授和宣传马克思主义。李大钊在北大所做的这些工作，与拉布里奥拉在意大利罗马大学、布哈林在苏俄红色教授学院、河上肇在日本京都帝国大学进行的马克思主义理论教学和研究工作，共同开启了马克思主义理论进入高校课堂的先河。

一百多年过去了，一代代的北大人始终把学习研究和宣传马克思主义作为自己的崇高使命，始终把马克思主义经典著作的学习研读作为教育教学的一项重要内容。2014年5月4日，习近平在北京大学师生座谈会上的讲话中指出，北京大学是新文化运动的中心和五四运动的策源地，是这段光荣历史的见证者。长期以来，北京大学广大师生始终与祖国和人民共命运、与时代和社会同前进，在各条战线上为我国革命、建设、改革事业作出了重要贡献。2018年5月2日，习近平总书记在北京大学考察时指出，北京大学是中国最早传播和研究马克思主义的地方。中国共产党的主要创始人和一些早期著名活动家，正是在北大工作或学习期间开始阅读马克思主义著作、传播马克思主义的，并推动了中国共产党的建立。这是北大的骄傲，也是北大的光荣。由此我们可以看到，北大具有学习研究和传播马克思主义的光荣传统，具有与祖国和人民共命运、与时代和社会同前进的光荣传统，具有爱国、进步、民主、科学的光荣传统。因此，如果要讲北大传统，首先就是马克思主义的传统；如果要讲北大精神，首先就是马克思主义的精神。北大学习研究和传播马克思主义的精神和传统始终与马克思主义经典著作的研读和学习紧紧结合在一起。

2018年5月2日，习近平总书记视察北大马克思主义学院时指出："高校马克思主义学院就是要坚持'马院姓马，在马言马'的鲜明导向和办学原则，为巩固马克思主义在意识形态领域的指导地位，推动马克思主义进校园、进课堂、进学生头脑，发挥应有作用。"在习近平总书记重要讲话精神的指导下，北京大学马克思主义学院逐步确立了以"埋首经典，关注现实"为基本理念、以马克思主义经典文献学习研读为重要内容的马克思主义卓越人才培养的"北大模式"。其中加强和完善"马克思主义经典著作研读"课程，并对研究生、特别是博士研究生进行马克思主义经典著作的中期考核成为北大博士生培养的一个重要环节。

北京大学马克思主义学院的学生究竟怎样学习马克思主义基本原理？怎样阅读马克思主义经典著作呢？

习近平总书记指出："学习理论最有效的办法是

读原著、学原文、悟原理。”要学好马克思主义理论，就必须要读马克思主义经典作家的原著，学马克思主义经典作家的原文，悟马克思主义基本原理。一句话，就是必须要学好马克思主义经典著作。“马克思主义经典著作”这门课一直是我国高校马克思主义学院研究生的核心课程。北大给硕士生开设的马克思主义经典著作课叫“马克思主义经典著作导读”，给博士生开设的马克思主义经典著作课叫“马克思主义经典著作研读”。我负责博士生的“马克思主义经典著作研读”课始自2010年秋季。一开始是我一个人讲，后来孙蚌珠、孙代尧老师加入进来，再后来马克思主义基本原理所、马克思主义发展史所的老师们也陆续加入到了本课程的教学和研究工作中。博士生的“马克思主义经典著作研读”课程的学习时间是一年，学习阅读的文本有30多篇。北大学习研读经典文本的基本方式是在学习某一文本之前，先由学生来做文献综述，通过文献综述把这一文本的文献概况、主要内容、学界争论的焦点问题、学者研究的基本方法和形成的基本范式梳理概括出来。呈现给读者的这套《读原著、学原文、悟原理》丛书，就是北京大学马克思主义学院2016级博士生在“马克思主义经典著作研读”课程学习过程中，在授课老师指导下围绕所学的马克思恩格斯经典文本完成的成果结集。授课教师从2016级博士生的研读成果中精选出了优秀的研究成果，经反复修改完善，以“读原著、学原文、悟原理”作为丛书书名出版。

本丛书收录了从马克思高中毕业撰写的三篇作文到恩格斯晚年撰写的《路德维希·费尔巴哈和德国古典哲学的终结》等代表性著述20余篇。这20篇著作是北京大学马克思主义学院马克思主义理论一级学科各专业和政治经济学、科学社会主义与国际共产主义运动专业博士生必修课“马克思主义经典著作研读”的必学书目。丛书作者对这20余篇著作的研究状况和研究内容的梳理、概括和总结，基本上反映了北大“马克思主义经典著作研读”课程的主要内容，展现了北大马克思主义学院博士生学习研读马克思主义经典著作的基本情况，是北大博士生阅读马克思主义经典文本、学习马克思主义基本原理的一个缩影。在某种意义上说，这些成果体现了北大马克思主义学院博士生学习马克思主义经典著作的基本方式。因此，我们可以自豪地说，马克思主义经典文本可以“这样读”，马克思主义基本原理可以“这样学”。

本书对马克思恩格斯每一时期文本的介绍和阐释主要是围绕以下四个方面的内容展开的。一是对马克思恩格斯这一文本的写作、出版和传播等主要情况的介绍和说明，二是对这一文本的主要内容的介绍和提炼，三是对国内外学者关于这一文本研究的基本方法、形成的基本范式和切入点的概括总结，四是对国内外学者在这一文本研究过程中所涉及到的一些具有争议性的问题或焦点问题的梳理和辨析。在每一章的后面，作者又较为详细地列出了该文本研究的主要参考文献，也就是关于每一个文本的代表性研究成果。本书力图从以上四个方面入手，尽可能客观全面地展示国内外学者关于马克思恩格斯这些经典文本的研究状况、研究结论和研究方法，以期对马克思主义学院师生学习、研读马克思主义经典著作提供参考和借鉴。

马克思主义理论是我们做好一切工作的看家本领，也是领导干部必须普遍掌握的工作制胜的看家本领。我们期望这套20本的“读原著、学原文、悟原理”丛书能够在这方面给大家提供一些积极的启示和有益的帮助。

孙熙国

2022.2

目 录 CONTENTS

一、文献写作概况

《哲学的贫困》，全称《哲学的贫困——答蒲鲁东先生的〈贫困的哲学〉》，是马克思批判法国小资产阶级社会主义者蒲鲁东，阐发唯物主义历史观和经济观的重要著作。在这部著作中，马克思批判了蒲鲁东为维护资本主义私有制而散布的关于取消阶级斗争和革命的改良主义的观点，以及由此而形成的唯心史观和机械的形而上学方法论，继而阐明了唯物史观的基本原理，论述了生产力和生产关系的辩证发展和生产力的决定性作用。

蒲鲁东1840年出版的成名之作《什么是所有权，或对权利和政治的原理的研究》(以下简称《什么是所有权》)一书，从小资产阶级的立场出发，尖锐地批判了资产阶级私有财产并借用法国大革命时期布里索的名言得出结论："所有权就是盗窃！"他认为，从法权观念上看，每个人都应有平等的权利来享受自己的劳动产品；但地主和资本家却以地租和利息的形式夺去劳动者的一部分产品，这实际上是侵犯了他们的权利，这是一种盗窃行为。但蒲鲁东反对的只是资产阶级的私有财产权，并不反对小资产阶级的私有财产权，更不反对泛指的“一切财产”的私有权。他认为小资产阶级的财产私有权是一种“个人的占有”。它是“社会生活的条件”，是“一种权利”，因而应当予以保护。他从小资产阶级的矛盾立场出发，既反对资产阶级的私有权又反对共产主义幻想建立“第三种社会形式”，这实质上是一种小资产阶级的思想。蒲鲁东在这本书中只是从法权观点出发来评论私有财产并没有论及经济关系。这时蒲鲁东对政治经济学还一无所知。马克思后来评论道，在政治经济学的严格科学的历史中这本书几乎是不值得一提的。

《什么是所有权》一书出版后，蒲鲁东感到必须从政治经济学中寻找自己所提问题的答案。他由此开始研究政治经济学，并于1846年写成和出版《经济矛盾的体系，或贫困的哲学》。在这本书中，蒲鲁东开始进入政治经济学和哲学领域，利用被他歪曲了的古典政治经济学和庸俗化了的黑格尔辩证法来装点他的小资产阶级空想主义。

蒲鲁东在该书中用唯心主义的哲学观点来解释交换价值的起源。他认为，由于个人的生产无法满足自己的各种需要，于是就向别人建议进行分工和交换，这就有了交换价值。与此同时，蒲鲁东还把商品的内部矛盾变成虚构的矛盾，将使用价值与交换价值的矛盾混同于供给与需求的矛盾，而最后把这种矛盾说成是“自由意志”造成的。

马克思和恩格斯是于1842年10月第一次接触到蒲鲁东的著作的。当时，蒲鲁东激烈地反对现存的私有制关系的观点，尤其是他的《什么是所有权》一书，给这两位正处于急剧的思想转变时期的年轻思想家留下了深刻的印象。马克思将蒲鲁东的著作称为“智慧的作品”，并准备对之进行“不断的、深入的研究”，恩格斯则认为，蒲鲁东在揭露私有制以及这一制度造成的竞争、道德沦丧和贫困上，“表现了非凡的智慧和真正科学研究精神”，这是他从来没有见过的。可以说，蒲鲁东对资产阶级私有制的批判对于马克思、恩格斯政治立场的转变，对于他们从所有制的角度来分析问题确实产生了一定的影响。

《哲学的贫困》于1847年7月初交由卡·格·福

格勒出版社在布鲁塞尔出版，共印800册。此后，在马克思的有生之年，该著作的法文版并未再版。《哲学的贫困》法文版印数不多、传播和发行渠道受到政府的管辖，因此总体效果不够理想。可以说，《哲学的贫困》出版后过了40年，才开始真正产生影响。在恩格斯逝世前后，《哲学的贫困》又出了几种译本：1891年，在西班牙的马德里出版了由梅萨翻译的《哲学的贫困》修订第1版；1892年，德文第2版出版；除德文第1版序言外，恩格斯又为其做了一篇简短的序言，纠正了原文两处不准确的地方。1895年，意大利文第1版在博洛尼亚出版。恩格斯逝世后，1896年，马克思的女儿拉法格整理的法文版第2版出版。1898年，由巴加洛夫翻译的保加利亚文第1版在瓦尔纳出版；1900年，由维科尔奇翻译的英文第1版在伦敦出版；等等。从那时起，《哲学的贫困》被译为30多种语言在很多国家得以出版、传播。英文版引用最多、最为权威的版本是1976年出版的《马克思恩格斯全集》第4卷。目前为止，欧美世界主要语种均出版了《马克思恩格斯全集》，而各种语言的《马克思恩格斯全集》中无一例外地均收录了《哲学的贫困》。而《马克思恩格斯全集》历史考证版第二版（MEGA）预计收录《哲学的贫困》于第一部分第6卷，目前仍尚未出版。

十月革命后，《哲学的贫困》在俄国普及率很高，从1886年第一个俄译本出现到苏联时期多次重译和再版，无一不体现这部著作对苏联民众巨大的影响，进而间接影响中国。而中国人第一次了解《哲学的贫困》的内容，是通过李大钊发表的《我的马克思主义观》这一篇论文。另一位热情宣传马克思主义的先驱者陈独秀于1922年5月，即马克思诞辰104周年之际发表的《马克思两大精神》一文中也提及《哲学的贫困》。1929年10月，上海水沫书店出版了杜竹君翻译的《哲学的贫困》，这是一个中文全译本。中华人民共和国成立以后，党和政府高度重视马克思主义经典著作的翻译工作，并自1956年起，中央编译局陆续出版的《马克思恩格斯全集》《马克思恩格斯选集》均收录《哲学的贫困》一文。

二、文献内容概要

《哲学的贫困》其副标题为《答蒲鲁东先生的

〈贫困的哲学〉》。该篇著作共分为两章，这主要是批判蒲鲁东的《贫困的哲学》所需要的。第一章为“科学的发现”，主要针对蒲鲁东关于经济学的内容，从“使用价值和交换价值的对立”“构成价值或综合价值”以及“价值比例规律的应用”三个方面将蒲鲁东与李嘉图做对比。第二章为“政治经济学的形而上学”，主要是针对蒲鲁东的思维方式，揭露出蒲鲁东对黑格尔哲学的拙劣的搬弄，从哲学和经济学的两个方面揭示出蒲鲁东的双重错误。

（一）马克思对蒲鲁东政治经济学的批判

《哲学的贫困》的第一个章节“科学的发现”是直接从蒲鲁东政治经济学的核心范畴内涵所展开的。马克思以李嘉图的政治经济学理论为标尺，以此来衡量蒲鲁东的政治经济学，认为蒲鲁东所运用的“交换价值”“构成价值”“货币”以及“劳动的剩余”等经济范畴，不仅没达到李嘉图的水平，反而是某种程度上的倒退。

1. 空洞的“交换价值”范畴

在第一章的第一节中，即“使用价值和交换价值的对立”，马克思是从蒲鲁东《贫困的哲学》一书中的第一卷第二章开始的，以此来说明蒲鲁东关于“使用价值变成交换价值的过程”的抽象神秘性。马克思认为，价值是社会历史性的范畴，价值的形成是以一定的社会交换形式和分工为基本前提的，而交换和分工都是具有自己的、具体的社会历史形式。所以，价值并不是从来就有的，而是一定社会发展的产物，价值不仅在鲁滨孙式孤立的个体经济中不会有，就是在传统的封建经济形势中，农民交给地主的实物也并不算是商品，因而也不具有价值。所以，价值是商品经济条件下的产物，而蒲鲁东却将交换价值中具体的社会内涵给抽象掉了，成为一个空洞的范畴。正如马克思所指出的，“蒲鲁东先生并没有细究这些关系的始末，他只是给交换这一事实盖了历史的印记，把交换看作急欲确立这种交换的第三者可能提出的建议”[①]，认为蒲鲁东这一方法是蔑视亚当·斯密和李嘉图“历史的叙述的方法”的蒲鲁东式的“历史的叙述的方法”。

实际上，马克思也指出，交换有它自己的历史，它经过各个不同的阶段。在中世纪时期，交换的只是剩余品，即生产超过消费的过剩品。而到了商品

① 《马克思恩格斯全集》第 4 卷，人民出版社 1958 年版，第 79 页。

经济时期，一切产品，甚至是整个工业活动都完全取决于交换。不仅于此，交换价值的产生也具有一定的历史规定性。然而，在蒲鲁东看来，交换价值则是一个既定的历史事实，不仅可以回答历史的问题，而且也规定了未来的交换形式。因此，蒲鲁东式的“历史的叙述的方法”可谓事事适用，“它能答复一切和说明一切。特别是在要从历史上来说明‘某种经济观念的产生’的时候，蒲鲁东现实就会假定一个人，这个人向别人，即向各行各业中他的合作者建议去完成这个产生的动作，这样问题就解决了”①。

在马克思看来，蒲鲁东不仅抽象掉了交换和交换价值的具体规定性，甚至进一步将交换价值和使用价值完全等同。在需求侧中，蒲鲁东把交换价值和稀少、把使用价值和众多混为一谈，这样既不能在稀少与交换价值的互动中发现使用价值，也不能在众多与使用价值的关系中发展交换价值，最终只是诉诸某种神秘的力量。而在供给侧中，蒲鲁东又把使用价值和供给、把交换价值和需求混为一

---

① 《马克思恩格斯全集》第4卷，人民出版社1958年版，第80页。

谈。所以，蒲鲁东对于价值的把握存在着某种对立矛盾，一方面是效用，即使用价值或供给；另一方面是意见，即交换价值或需求。然而，事实却是供给并不只是代表着效用，而需求也不只是代表着意见，这两者是相互作用的，而不是截然对立的，需求同时又是供给，而供给同时也是需求。这进一步暴露出蒲鲁东形而上学的政治经济学的方法论。

到此时，马克思已然认识到，供给产品的效用是由消费者的需求来确认的，供给与需求的互动，才使得生产与消费互为关联，但是生产和消费都是建立在交换的基础之上的。在生产领域，产品和原料、工人的工资等进行交换，而且也和一切具有交换价值的物品进行交换。而生产者所生产的不仅仅是具有使用价值的物品，更主要的是要具有某种价值。在消费领域中，即在供给和需求中，一方面是消费过交换价值的产品和出卖这种产品的需求，另一方面是消费过交换价值的资金和购买的需求。因此，真正的矛盾在于商品内在的价值和使用价值的矛盾，是在于卖者所需要的价值与买者所提出的使用价值之间矛盾的统一，而不是蒲鲁东所说的购买者与生产者之间的截然对立。

2. 虚妄的“构成价值”范畴

价值理论是构成蒲鲁东整个政治经济学大厦的基石。蒲鲁东在《贫困的哲学》一书中，对于“贫困”的追问，认为正是现实社会中的不公平才造成了贫困现象。因此，要实现公平，就必须追求构建出一个相对科学的价值理论。如上所述，蒲鲁东只是看到了使用价值和交换价值的相互对立、相互排斥，即在使用价值不变的情况下，交换价值会随着竞争和供求关系的变化而变化。为了谋求使用价值与交换价值的均衡，蒲鲁东构建了“构成价值”的概念。他对“构成价值”的定义是：“价值是构成财富的各种产品的比例性关系”，认为“构成价值”是“政治经济学应该达到的高峰，因为通过价值的构成，政治经济学将得到改造；同时，这也正是社会进入有秩序状态的最高标志”①。

而在马克思看来，商品的价值是一个社会历史性的范畴，价值是建立在交换基础之上的社会中人们之间生产关系的一种表现，其本质是一种社会关系。也是因为将价值归结于社会历史性范畴的认

---

① ［法］蒲鲁东：《贫困的哲学》，余叔通等译，商务印书馆 1998 年版，第 77—78 页。

识，马克思在《哲学的贫困》中把价值归结为劳动，但是对于什么样的劳动形成价值，为什么形成价值以及怎样形成价值等本质性问题，马克思并没有进一步追问，对于价值与交换价值、价格等范畴马克思还没有严格地区分开来。因而，在《哲学的贫困》中“交换价值”则具有多重含义，既指称价值，有时又涵盖着价值的表现形式，等等。但是，值得赞赏的是，马克思在这里引入了竞争的范畴，肯定了竞争所决定的交换价值的波动中心，并论及了竞争对于交换价值量的影响问题。

实际上，李嘉图的劳动价值论存在着两个重要的原理：一是商品的价值取决于生产商品所耗费的劳动量；二是社会劳动总产品在土地所有者、资本家和工人之间进行分配，分别以地租、利润和工资为表现方式。而蒲鲁东对这两个原理进行了抽象化的理解，对于第一个原理，蒲鲁东认为由于工人作为生产者，其所生产出来的社会产品理应归工人所有。而这显然与资本主义的社会现实格格不入，也与资本主义政治经济学理论所表现出来的经济学法则相悖。这是因为，在资本主义社会中的全部产品，大部分是由占有生产资料的地主和资本家所有，而工人仅占有极少的一部分。正如马克思所言：“李嘉图给我们指出资产阶级生产的实际运动，即构成价值的运动。蒲鲁东先生却撇开这个实际运动不谈，而‘煞费苦心地’去发明按照所谓的新公式（这个公式只不过是李嘉图已清楚表述了的现实运动的理论表现）来建立世界的新方法。李嘉图把社会当作出发点，给我们指出这个社会怎样构成价值；蒲鲁东先生却把构成价值当作出发点，用它来构成一个新的社会世界。”[①] 在李嘉图看来，劳动时间确定价值这是交换价值的规律，而蒲鲁东先生却认为这是使用价值和交换价值的综合。李嘉图的价值论是对现代经济生活的科学解释；而蒲鲁东先生的价值论却是对李嘉图理论的乌托邦式的解释。李嘉图从一切经济关系中得出他的公式，并用来解释一切现象，甚至如地租、资本积累以及工资和利润的关系等那些骤然看来好像是和这个公式抵触的现象，从而证明他的公式的真实性；这就使他的理论成为科学的体系。蒲鲁东先生只是完全凭任意的假设再度发现了李嘉图的这个公式，后来就不得不找

① 《马克思恩格斯全集》第 4 卷，人民出版社 1958 年版，第 92—93 页。

出一些孤立的经济事实，加以歪曲和捏造，以便作为例证，作为实际应用的现成例子，作为实现他那新生观念的开端，这实在是经济科学的一次彻底的倒退。

在蒲鲁东看来，两人的劳动如果存在着数量上的相等关系，那么两人的劳动在价值上也是相等的，进而两人的劳动并没有本质上的区别。而在劳动量相等的前提之下，两人的产品彼此之间可以交换。而由于所有的生产者都是雇佣工人，且都是以等量劳动时间获得同等报酬的工人，这就为现实的交换奠定了完全平等的基础。也是在这层意义上，蒲鲁东推导出了他的“平等”理论。但是实际上这种“平等”是带有虚妄的乌托邦色彩的，不能自洽的。在马克思看来，劳动本身就是一种商品，它是由生产劳动这一商品所需要的劳动时间来衡量的，而构成劳动商品的生产时间主要是由维持劳动生存即工人及其后代生存所必需的物质资料的劳动时间。因而，劳动的价格自然表现为工资，它所体现的是工人与资本家之间的矛盾，所以马克思指出：“由劳动时间衡量的相对价值注定是工人遭受现代奴役的公式，而不是蒲鲁东先生所希望的无产阶级求得解放的‘革命理论’。”[1]

实际上，在以机器生产为代表的大工业时代，劳动呈现的是平均化的趋向，这与蒲鲁东所幻想的永恒的公平是截然相反的。在机器大生产中，劳动在本质上是没有什么区别的，都是雇佣劳动的一种体现，区别只是在于由劳动能力的不同而带来的劳动时间上的差别，这一方面是由物理因素决定的，包括生理区别等；另一方面则是由心理因素所决定的，包括精神状态、劳动积极性等。蒲鲁东将用商品中所包含的劳动量来衡量商品价值和用“劳动价值”来衡量商品价值混为一谈。

除此之外，蒲鲁东的“构成价值”将其视为一种比例性关系。总体而言，当供求关系保持平衡的状态下，任何产品的价值都是由其所包含的劳动量决定的，而这也是比例性关系的题中应有之义。然而，在蒲鲁东看来，只有确定产品中包含的劳动量作为衡量产品价值的标准时，供求关系自然就会达到平衡状态，而生产也就与消费相吻合，产品的交换自然会顺畅，这时产品的价格也就是价值的真

① 《马克思恩格斯全集》第 4 卷，人民出版社 1958 年版，第 95 页。

实体现。对于蒲鲁东的这种颠倒，马克思讽刺道："一般人都这样说。天气好的时候，可以碰到许多散步的人；可是蒲鲁东先生却为了保证大家有好天气，要大家出去散步。"①

工人的劳动与机器一样，都是生产的工具。但是从生产的社会历史性考察的话，生产从人类文明一开始就是建立在等级和阶级②的基础之上的，而这种对抗构成了社会矛盾的主要形式，从而推动了社会的不断进步。这也是人类社会发展的基本规律，即生产力与生产关系的矛盾运动规律。但是，蒲鲁东在考察社会历史发展的过程中，却枉顾这一事实，他抛弃了阶级对抗，将其诉诸一个抽象的"比例性关系"，从而抹杀了阶级对抗，进而引出了

---

①《马克思恩格斯全集》第4卷，人民出版社1958年版，第102—103页。

② 恩格斯在1885年版《哲学的贫困》上对马克思的这句话"劳动阶级解放的条件就是要消灭一切阶级；正如第三等级即市民等级解放的条件就是消灭一切等级一样"加了一个注，即"这里所谓等级是指历史意义上的封建国家的等级，这些等级有一定的和有限的特权。资产阶级革命消灭了这些等级及其特权。资产阶级社会只有阶级，因此，谁把无产阶级称为'第四等级'，他就完全违背了历史。——弗·恩"(《马克思恩格斯文集》第1卷，人民出版社2009年版，第655页)，由此可知，在马克思、恩格斯看来，资产阶级革命的任务是消灭一切等级，而无产阶级专政的任务则是要消灭一切阶级。

社会改良主义的理论。对此，马克思在后面也进行了批判。

3. 抽象的"货币"和"劳动的剩余"的范畴

在《哲学的贫困》的第一章第三节中，马克思拟定的题目是"价值比例规律的应用"，下面又分为两个部分，即"货币"和"劳动的剩余"。

在《贫困的哲学》中，蒲鲁东认为在社会生活中，只有金银是价值已经达到"构成的"第一种商品，并成为衡量其他商品价值的标准，并认为只要按照金银估价，商品就会具有永恒的交易可能性，除此之外金银还具有货币的属性，即具有普遍交换的手段。

实际上，价值并不具有永恒的属性，它是与一定的社会生产关系相联系的。金银价值的构成也是以众多其他商品的价值形成为前提的，而不是相反。蒲鲁东将他的构成价值理论推演成为一种货币的主张，表明他完全不懂货币的本质和它产生的历史。马克思认为，货币是一种社会生产关系的表现。它是其他经济关系的整个锁链中的一个环节，是与一定的生产方式相适应的。蒲鲁东的做法就是首先把货币从现在的生产方式的总体中分离出来，然后使它成为想象中的东西，这是一种典型的唯心主义手法。他将货币的产生解释为君主意志的产物。在他看来“君主的专横就是政治经济学中的最高原因”，并认为“经过君主的神圣化以后就产生了货币：君主们占有金银，并且在上面打了自己的印章”。

但是，经济发展的历史却与蒲鲁东的说法完全相反。事实上，货币并不是产生于君主的主观意志，而是产生于特定的经济条件。“君主们在任何时候都不得不服从经济条件，并且从来不能向经济条件发号施令。无论是政治的立法或市民的立法，都只是表明和记载经济关系的要求而已。究竟是君主占有了金银，盖上自己的印章使它们成为普遍的交换手段呢，还是普遍的交换手段占有了君主，让他盖上印章并授予政治上的神圣？人们过去和现在给银币盖上的印记，并不表明它的价值，而是表明它的重量。蒲鲁东先生所说的稳固性和确实性只和钱币的成色有关；这种成色表明一块银币中含有多少纯金属。”[①] 金银之所以在法律上具有交换能力，

① 《马克思恩格斯全集》第 4 卷，人民出版社 1958 年版，第 121—122 页。

只是由于它们具有事实上的交换能力。所以，金银作为货币同样也是受生产和经济条件左右的。蒲鲁东关于将一切商品都变成像金银那样的货币，从而消灭货币，实现公平交换的设想，不过是一种脱离现实经济关系发展的幻想。在强大的客观经济规律面前任何诉诸主观意志的做法注定都要碰壁。马克思最后说，蒲鲁东的这些书斋里的奇想其实并不新鲜，在法国路易十四那个时代就有过使绵羊和葡萄具有货币的特性的想法；在法国最老的经济学家之一布阿吉尔贝尔的著作中，也有类似消灭货币的主张。

在马克思看来，价值并不是一种实体性的物品，而是社会生产关系的一种展现。价值的决定和实现是以生产者之间的竞争以及由此引发的供求关系的波动为前提的，是一个比较复杂的社会关系的运动过程，而不能像蒲鲁东那样简单地归结为“劳动的剩余”。马克思指出，资本的增殖与否，工人阶级的状况并不会有多好的改善。当资本增殖时，资本家会将其增殖部分继续投入扩大再生产的过程中，分工会持续扩大，工人之间的竞争也日益加剧，所产生的直接性的后果就是工人们劳动报酬的减少，劳动强度增加。如果资本没有实现增殖，即资本家没有多余的资本进行扩大再生产，那么工人也是第一个牺牲品。但是，在蒲鲁东看来，随着个人劳动所得产品的不断增加，劳动者所获得的工资虽然不会增长，但是生活也会日益富裕。马克思此时指出了工人工资的增降是与商业循环性周期呈现出对应关系。蒲鲁东否定了经济活动的客观性，认为在社会生产中起决定性作用的不是可观的经济规律，而是生产者和消费者的自由意志。也正是在这一思维的导向下，他将商品生产条件下起作用的价值规律代之以稀少与众多、效用与意见等抽象范畴的作用。在马克思看来，产品的交换方式是由一定的社会生产方式来调节的，最终取决于生产力的发展状况。不仅于此，个人的交换也要遵循一定时代的物质生产方式，而这一生产方式本质上又是与阶级斗争相适应的。进而言之，阶级斗争促进了生产力的发展。

总而言之，《哲学的贫困》第一章的主题就是围绕着蒲鲁东的价值理论进行批判的。在这一章中，马克思揭示了蒲鲁东价值理论的本质，认为这并不是新的科学发现，只不过是古典政治经济学的老调重弹，甚至是某种程度上的倒退，尤其是对李嘉图价值理论的歪曲性理解和乌托邦式的解释。

（二）马克思对蒲鲁东政治经济学方法的批判

蒲鲁东非常重视方法的研究，把方法视为脱离具体学科的哲学的一个部分，并主张用单纯思辨的方法表述经验以外的问题，是《贫困的哲学》的一大特色，这本书中，蒲鲁东主张经济范畴的进化，并试图以逻辑次序来表现经济范畴。在这里蒲鲁东将这一方法视为政治经济学的形而上学，并认为正是由于方法上的优越性使得自己建立的政治经济学能够超越以往的经济学家。《哲学的贫困》第二章是“政治经济学的形而上学”，这一章共分为五个小节，即“方法”“分工和机器”“竞争和垄断”“土地所有权或地租”“罢工和工人同盟”。在《哲学的贫困》的第二章中，马克思也是针对蒲鲁东的这一特点进行了批判，同时也阐述了自己研究经济学的方法以及构建自己的经济学体系的概要。

1. 方法

“方法”一节可以视为《哲学的贫困》全书中最为重要和深刻的理论阐释部分，在这一节中，马克思对蒲鲁东主义进行了彻底的前提性批判，也是最为完备和深刻的。在这一节开始马克思将蒲鲁东视为“另一个魁奈医生”，认为蒲鲁东是“政治经济学的形而上学方面的魁奈”。从写作形式上看，马克思在这一节中是以古典经济学家魁奈的《经济表》中“七个重要说明”为重要参考，根本目的则是揭露蒲鲁东的经济学是脱离实际生活过程的形而上学。正如在第一章中，马克思以李嘉图为衡量标准，考察蒲鲁东的经济学思想一样；在第二章中，马克思则是以黑格尔为衡量标准，考察蒲鲁东的哲学思想。

马克思是从1843年年底开始研究经济学，在他看来以往的经济学家们，特别是资产阶级古典经济学家们，往往把一定历史条件下的分工、信用、货币等资产阶级生产关系说成是自然形成的，且固定不变的永恒范畴。蒲鲁东也是如此，他在《贫困的哲学》中想给我们说明所有这些范畴、原理、规律、观念、思想的形成情况和来历，并借此解释了生产怎样在上述关系下运行，然而他并没有说明这些关系本身是怎样产生的，仿佛这些关系是自然就先验存在的，并不会有历史的产生过程。然而，我们知道经济范畴不是先验的，而是现实的、具体的、历史的，蒲鲁东与资产阶级经济学家一样，把经济范畴视为“永恒的法则”，而不是当成“历史的法则”。他把经济范畴同生产关系割裂开来，把现实的经济关系视为经济范畴的本质的实现，并把资本主义的生产关系视为自然的、永恒的，只研究资本主义生产怎样在这种关系下进行，但是却没有说明这些关系本身是怎样产生的。正如马克思所言：“经济学家们向我们解释了生产怎样在上述关系下进行，但是没有说明这些关系是怎样产生的，也就是说，没有说明产生这些关系的历史运动。由于蒲鲁东先生把这些关系看成原理、范畴和抽象的思想，所以他只要把这些思想（它们在每一篇政治经济学论文末尾已经按字母表排好）编一下次序就行了。经济学家的材料是人的生动活泼的生活；蒲鲁东先生的材料则是经济学家的教条”。[①] 从这层意义上讲，蒲鲁东甚至是倒退到古典政治经济学以前的水平。

尽管蒲鲁东力图去研究经济制度的历史变迁，但是呈现在我们眼前的却不是不断变化的客观事实

① 《马克思恩格斯文集》第 1 卷，人民出版社 2009 年版，第 598—599 页。

的历史，而是在思辨的理性之中的所谓神圣的演变历史。他认为“经济理论有它自己的逻辑顺序和理性中的一定系列”，他将每个经济范畴都机械地区分出彼此分离、相互对立的改变，从而在这种辩证的斗争运动中，各个范畴沿着上升的曲线进行演变。而这种演变，在蒲鲁东看来就是“经济的进化”。除此之外，蒲鲁东严格区分了范畴所代表的经济时代，他划分了这范畴进化的序列中所代表的十个时代，依据演变序列分别为分工、机器、竞争、垄断、国家或税收、贸易平衡、信贷、私有、共产主义、人口。在这里，我们很容易发现，这一整套的演变序列是与现实的历史发展完全割裂的。为了给这一套脱离现实社会生产关系范畴演变序列寻找一个最终的解释，即产生的动因，蒲鲁东最后诉诸“普遍理性”，寄希望于“神”，力图将一切都在理性的纯粹以太中进行理解。

蒲鲁东试图用抽象范畴的进化运动来代替现实的历史发展，最终导致的是在历史说明中，走向了否定历史的方向，也就是否定现实历史发展的方向，以一套虚构的历史代替现实的历史。这一思考方式使得蒲鲁东不能够理解人们按照自己的物质生产的发展建立相应的社会关系，正是这些人又按照自己的社会关系创造了相应的原理、观念和范畴。但是这些范畴也如同社会关系一般，是社会历史发展的产物，并不是先验的永恒存在。概而言之，蒲鲁东混淆了关系与范畴二者谁是第一性谁是第二性的问题，他没能够弄清楚生产关系是基础，而经济范畴只不过是建立在这一基础之上的观念上的反映，即所谓范畴不外乎是移入人脑中并经过改造的物质关系而已。而这也是《德意志意识形态》中所阐述的意识产生的原理对于现实问题分析的生动展现。

不过，在马克思看来，蒲鲁东在《贫困的哲学》与《什么是所有权》中都没有为他所提出的问题而提供有效的解决方案，究其实质主要在于蒲鲁东背离了现实的生产关系的总体性系统性的研究，进而在这一思路的引导下，蒲鲁东所提出的“财产”范畴只不过是一句不切实际的空话而已。蒲鲁东将“财产”视作他的经济体系中一个单独的孤立范畴，这意味着蒲鲁东并没有弄清楚资产阶级社会中的所有制，没有把握到资本主义生产过程中所形成的各种生产形式结合而产生的各种关系，对于在一定时代下的生产所形成的各种形式的历史性和暂时性，蒲鲁东更是毫无认知。

在“第二个说明”中马克思集中阐述了他的核心观点。马克思指出：“经济范畴只不过是生产的社会关系的理论表现，即其抽象。真正的哲学家蒲鲁东先生把事物颠倒了，他认为现实关系只是一些原理和范畴的化身。这位哲学家蒲鲁东先生还告诉我们，这些原理和范畴过去曾睡在‘无人身的人类理性’的怀抱里。经济学家蒲鲁东先生非常明白，人们是在一定的生产关系中制造呢绒、麻布和丝织品的。但是他不明白，这些一定的社会关系同麻布、亚麻等一样，也是人们生产出来的。社会关系和生产力密切相联。随着新生产力的获得，人们改变自己的生产方式，随着生产方式即谋生的方式的改变，人们也就会改变自己的一切社会关系。手推磨产生的是封建主为首的社会，蒸汽磨产生的是工业资本家为首的社会。”[①] 接下来马克思指出蒲鲁东继承了黑格尔唯心主义的观点。在蒲鲁东看来，现实的世界是从观念的世界里所产生出来的，而作为

① 《马克思恩格斯文集》第 1 卷，人民出版社 2009 年版，第 602 页。

经济范畴只不过是人类的理性思维逻辑发展的自然表现，在他看来所谓的经济范畴和理论只不过是人们在思维领域中，按照一定的逻辑次序而排列着，并不是按照现实的历史发展产生的，不是客观的经济现实在人们意识中的反映，从而也就不存在着客观的逻辑次序。继而，马克思强调蒲鲁东这一观点只不过是黑格尔式唯心主义在法国的重演，也是在批判蒲鲁东唯心主义观点的同时，马克思第一次科学地论述了经济范畴的客观现实性和历史发展性，他指出："人们按照自己的物质生产率建立相应的社会关系，正是这些人又按照自己的社会关系创造了相应的原理、观念和范畴。所以，这些观念、范畴也同它们所表现的关系一样，不是永恒的。它们是历史的、暂时的产物。生产力的增长、社会关系的破坏、观念的形成都是不断运动的，只有运动的抽象即'不死的死'才是停滞不动的。"①

与此同时，马克思强调了生产关系与生产力的发展是紧密相连的，而且随着生产力的进一步发展，人们的生产方式也随之而变，生产方式的变革

① 《马克思恩格斯文集》第 1 卷，人民出版社 2009 年版，第 603 页。

进而推动了人类社会关系的变化。基于此，马克思谈到，手工磨产生的是封建主为首的社会、蒸汽磨产生的是工业资本家为首的社会。既然经济范畴是对于现实的经济关系或生产关系的理论抽象，那么随着经济关系或生产关系的变动而变动，则是经济范畴的实然和应然状态，而不是永远恒定不变的。

至此，我们可以认为“生产关系”是马克思的政治经济学理论中一个总括的特有的范畴。生产力与生产关系的矛盾运动原理，以及经济基础、上层建筑和社会形态等一系列历史唯物主义的观念范畴都是建立在生产关系范畴的基础之上的。也正是基于此，列宁在批驳俄国自由主义民粹派观点，捍卫马克思主义科学世界观而写作的《什么是“人民之友”以及他们如何攻击社会民主党人?》一书中，更是将“生产关系”作为历史唯物主义的中心范畴，他指出马克思“从社会生活的各种领域中划分出经济领域，从一切社会关系中划分出生产关系，即决定其余一切关系的基本的原始的关系”[①]。但是，马克思在确立这一科学的范畴时也是经历了一个极

---

① 《列宁选集》第 1 卷，人民出版社 2012 年版，第 6 页。

为艰难的过程。

从《哲学的贫困》所阐述的内容上看，马克思将所有制归结为生产关系，进而将生产关系归结为以所有制为中心的在整个生产过程中所形成的一切经济关系的综合。我们知道，在蒲鲁东所谓的经济矛盾体系中，所有制是其中的最后一个范畴。蒲鲁东将所有制与分工、竞争、垄断和贸易等范畴等同并列起来，从而将所有制规定为一种独立的关系。诚然，所有制是物质资料占有方式的一种社会形式，表现出的是人与人的一种社会关系，它存在于社会物质生产中的各个方面，构成了生产、分配、交换和消费四个环节的有机统一，从而体现出物质资料所有制的关系。如果脱离开这些社会生活的各个环节，那么所有制只不过是一个空洞的无趣概念。而对于生产关系而言，它是人们在社会生产和再生产的过程中所结成的关系，这一关系的生成是在社会生活中所必然要发生的，是客观的，不以人的意志为转移的。从这一角度而言，生产关系与所有制具有本质上的同一性，所不同的是所有制是从法律意义上对于生产关系的一种表达。

从《哲学的贫困》所表述的形式上看，即《哲学的贫困》中的术语表达上，马克思在《哲学的贫困》中开始直接用“生产关系”这一术语以表达在生产的过程中人们所结成的各种各样的关系，从而实现了表述对象的内容与形式的统一。自此之后，“生产关系”也成为人们在生产过程所形成的一切关系总和的经典表述。虽然“交往形式”也在后面的著作中出现过，但使用范围仅限于表达一般的社会关系用语，值得注意的是，在马克思成熟时期的著作中“交往形式”的术语运用频率也大大降低了。实际上，在《德意志意识形态》中也有过“生产关系”范畴的相关表达，但是在《哲学的贫困》中关于生产关系的表述更为完整。《哲学的贫困》继承了《德意志意识形态》中结合生产力理解生产关系的表达方式，也是在此基础上，对于生产关系的内容与形式表现的把握更加的准确，从而实现了生产关系确切内容与术语准确表达形式的统一。也是在《哲学的贫困》这一文本中，生产关系开始成为历史唯物主义的中心范畴，指示了人们在社会生产和再生产的过程中，所必然结成的，客观的，贯穿于生产、分配、交换和消费的各个领域中的所有经济关系的综合。基于此，我们可以说，生产关系的概念在《哲学的贫困》中有了科学合理的解释。诚如马克思所指出的那样："谁用政治经济学的范畴构筑某种意识形态体系的大厦，谁就是把社会体系的各个环节割裂开来，就是把社会的各个环节变成同等数量的依次出现的单个社会。其实，单凭运动、顺序和时间的唯一逻辑公式怎能向我们说明一切关系在其中同时存在而又互相依存的社会机体呢？"①

在资产阶级经济学家看来，资本主义经济发展所形成的分工、信用和货币等是先验存在的，是自然形成的、永恒的、固定不变的范畴。蒲鲁东也是在这一基础之上，将这些经济范畴作为理论的出发点。在马克思看来，蒲鲁东虽然试图阐述这些经济范畴的来源，但却是建立在黑格尔思辨的唯心主义辩证法的思维方式之上。马克思深刻地指出，在《贫困的哲学》中蒲鲁东完全颠倒了物质与意识的辩证关系，颠倒了客观的经济现实与抽象的经济范畴之间的关系。蒲鲁东离开客观的经济现实，而是从抽象的"观念"原则，抛开经济现实去寻找资本

---

① 《马克思恩格斯文集》第 1 卷，人民出版社 2009 年版，第 603—604 页。

主义经济原理和范畴的根源。在这里，蒲鲁东从一个抽象的范畴推演出另一个范畴，以他自己的逻辑顺序构建出范畴体系。这样蒲鲁东完全是按照黑格尔的“绝对观念”的推演方法，离开现实社会，推演出了自己的范畴世界，深深地坠入了唯心主义的迷潭。在批判蒲鲁东思辨的唯心主义的同时，马克思进一步阐释了辩证法的客观社会根基。马克思指出：“两个相互矛盾方面的共存、斗争以及融合成一个新范畴，就是辩证运动。谁要给自己提出消除坏的方面的问题，就是立即切断了辩证运动。我们看到的已经不是由于自己的矛盾本性而设定自己并自相对立的范畴，而是在范畴的两个方面中间转动、挣扎和冲撞的蒲鲁东先生。”①

与此同时，马克思进一步阐述了辩证法的客观现实根基。马克思指出，所谓的经济范畴不过是对于现实经济生活的客观表象高度抽象的理论表现。运动是一切事物本身所固有的属性，而范畴抑或概念的辩证发展，也是与客观现实的辩证运动密切相关的，是由客观事物的辩证法所决定的。进而言

① 《马克思恩格斯文集》第1卷，人民出版社2009年版，第605页。

之，客观事物和人类历史的发展总是处于运动变化之中的状态，这也就决定了作为反映客观事物和人类历史发展运动的概念和经济范畴也是处于一种运动发展状态，而并非一成不变的。

在接下来第四到第六个“说明”中，马克思进一步分析蒲鲁东是怎样将黑格尔的辩证法运用到政治经济学领域。蒲鲁东认为，任何经济范畴都有好坏两个方面。例如，拿破仑是一个大人物，他行了许多善，但是也做了许多恶。因此，好的方面和坏的方面，益处和害处加在一起就构成每个经济范畴所同有的矛盾。所以，辩证法所要解决的问题就是要有所扬弃，即坚持保存好的方面，消除坏的方面。如果说，与黑格尔比较，蒲鲁东的长处是保留为人类最大幸福而解决这些任务的权利，那么，他也有一个短处：当他想用辩证法引出一个新范畴时，却毫无所获。两个矛盾方面的共存、斗争以及融合成一个新范畴，就是辩证运动的实质。谁要给自己提出消除坏的方面的任务，就是立即使辩证运动终结。

由于在《贫困的哲学》中蒲鲁东是以辩证法为自己的立论基点。对于马克思而言，他对于蒲鲁东的批判也是以此为基础，但是又不能仅限于此。马克思不仅需要批判蒲鲁东的辩证法，还需要进一步清理黑格尔辩证法当中的不合理的因素，并在此过程中进一步阐发自己的辩证法理论。

需要指出的是，蒲鲁东开始关注到辩证法，尤其是黑格尔思辨式的辩证法其实是受到马克思的影响的。但是吊诡的是，蒲鲁东对于黑格尔辩证法的理解并没有马克思那样的深刻，在囫囵接受黑格尔辩证法时，蒲鲁东就将这一理论粗糙地运用到其经济学理论之中而陷入了非历史主义的迷潭之中。对此，马克思是有洞见的，他在《哲学的贫困》中就指出："蒲鲁东先生的辩证法背弃了黑格尔的辩证法，于是蒲鲁东先生只得承认，他用以说明经济范畴的次序不再是这些经济范畴相互产生的次序。经济的进化不再是理性本身的进化了。"[①] 也是在这一批判的过程中，马克思构建了自己的唯物辩证法。在《哲学的贫困》中马克思谈到了唯物辩证法的三重特性。

一是唯物辩证法的历史性。实际上，黑格尔思

---

① 《马克思恩格斯文集》第 1 卷，人民出版社 2009 年版，第 607 页。

辨式的辩证法也是具有历史性的，但其焦点在于这种辩证法是在观念中把握到的历史，其实质是颠倒了历史逻辑与逻辑历史的关系，运用逻辑的历史来推演现实的历史，从而在这一步演绎中坠入唯心主义的泥潭。而蒲鲁东的辩证法甚至是比黑格尔更加后退一步，它甚至是把逻辑历史也给抛弃了，“他既没有给我们范畴的世俗历史，也没有给我们范畴的神圣历史”[①]，也正是从这重意义上讲，在蒲鲁东那里既没有世俗的历史也没有观念的历史，而是走向了唯心主义的形而上学，但与此相反，马克思的辩证法是建立在社会现实基础之上的，是在现实之中把握现实，进而指导改造现实的实践，从而改变了世界。

二是唯物辩证法的价值性。蒲鲁东机械地将经济现象和范畴的价值性做了矛盾分析，在他看来这些现象和范畴的矛盾就是其拥有好的方面和坏的方面，而解决这一矛盾问题的方法就是保存好的、消除坏的。马克思对此指出，“黑格尔就不需要提出问题。他只有辩证法。蒲鲁东先生从黑格尔的辩证

① 《马克思恩格斯文集》第 1 卷，人民出版社 2009 年版，第 607 页。

法那里只借用了用语。而蒲鲁东先生自己的辩证运动只不过是机械地划分出好、坏两面而已”[1]，因而蒲鲁东在此基础上建立起来的实践观念也只不过是范畴之间的相互抵消，互为“消毒剂”。实际上，任何社会现象并不是简单式的二元对立，其内在所谓的坏的方面并不是简单地消除就可以完成的，这些都是社会历史发展的结果，如果一味地想去消除，那么到最终只会导致现象的消失，所以这在现实之中也是实现不了的，“两个相互矛盾方面的共存、斗争以及融合成一个新范畴，就是辩证运动。谁要给自己提出消除坏的方面的问题，就是立即切断了辩证运动。我们看到的已经不是由于自己的矛盾本性而设定自己并自相对立的范畴，而是在范畴的两个方面中间转动、挣扎和冲撞的蒲鲁东先生”[2]，事物的辩证运动是彼此互为前提，密切联系在一起的，是不能凭借主观愿望完全隔离开来的，也正是这种好与坏的交织、必然与偶然的交融，社会生活才会更加丰富，人生才会更加有趣，生命才会更加充盈。

① 《马克思恩格斯文集》第 1 卷，人民出版社 2009 年版，第 607 页。
② 《马克思恩格斯文集》第 1 卷，人民出版社 2009 年版，第 605 页。

三是唯物辩证法的运动性。事物发展都是有其内在的矛盾不断地向前推动的，其矛盾内在的辩证否定，推动着事物的发展。而矛盾内在的诸方面以及各种矛盾之间的相互依存、相互斗争，使得事物在一定的历史时期内保持着一种相对的平衡，这是矛盾的一种表现形态，但并不意味着永恒，这种平衡形态被破坏后就是使矛盾发生质变，从而产生了新的事物。

不难看出，蒲鲁东的辩证法既没有现实的内容，也没有观念的运动，由此我们不难理解马克思发出的质疑："难道探讨这一切问题不就是研究每个世纪中人们的现实的、世俗的历史，不就是把这些人既当成他们本身的历史剧的剧作者又当成剧中人物吗？但是，只要你们把人们当成他们本身历史剧的剧中人物和剧作者，你们就是迂回曲折地回到真正的出发点，因为你们抛弃了最初作为出发点的永恒的原理。"①

蒲鲁东认为辩证法运动的高级状态就是"平等"，在他看来辩证法的运动就是不断抛弃坏的东

① 《马克思恩格斯文集》第 1 卷，人民出版社 2009 年版，第 608 页。

西，从而达到一种最高的完满状态，蒲鲁东将这一“最高的假设”视为平等。因此，可以说平等是蒲鲁东所设想的一种终极追求。经济关系诸如分工、信用和工厂等一切范畴都是为了平等的利益而发明出来的，“从此以后，肯定平等的就是每个经济关系的好的方面，否定平等和肯定不平等的就是坏的方面。每一个新的范畴都是社会天才为了消除前一个假设所产生的不平等而作的假设。总之，平等是原始的意向、神秘的趋势、天命的目的，社会天才在经济矛盾的圈子里旋转时从来没有忽略过它。因此，天命是一个火车头，用它拖运蒲鲁东先生的全部经济行囊前进远比用他那没有头脑的纯粹理性要好得多。他在论税收一章之后，用了整整一章来写天命”[①]。

在“第七个即最后一个说明”中，马克思首先批驳了蒲鲁东的历史观，蒲鲁东认为人类社会有两种制度：一种是人为的，一种是天然的。封建制度是人为的，资产阶级制度是天然的。马克思以历史性的方法分析封建制度和资产阶级制度，指出任何

---

① 《马克思恩格斯文集》第 1 卷，人民出版社 2009 年版，第 611 页。

制度都不是凭空产生的，都是社会历史发展到一定阶段的产物，并正面阐述了自己的观点。马克思指出："为了正确地判断封建的生产，必须把它当作以对抗为基础的生产方式来考察。必须指出，财富怎样在这种对抗中间形成，生产力怎样和阶级对抗同时发展，这些阶级中一个代表着社会上坏的、有害方面的阶级怎样不断地成长，直到它求得解放的物质条件最后成熟。这难道不是说，生产方式、生产力在其中发展的那些关系，并不是永恒的规律，而是同人们及其生产力的一定发展相适应的东西，人们生产力的一切变化必然引起他们的生产关系的变化吗？由于最重要的是不使文明的果实——已经获得的生产力被剥夺，所以必须粉碎生产力在其中产生的那些传统形式。从此以后，革命阶级将成为保守阶级。"①

而对于资产阶级和资本主义制度的客观社会现实，马克思也对其进行了历史性的分析，他指出："资产阶级从一开始就有一个本身是封建时期无产阶级残存物的无产阶级相伴随。资产阶级在其历史

① 《马克思恩格斯文集》第 1 卷，人民出版社 2009 年版，第 613—614 页。

发展过程中不可避免地要发展它的对抗性质，起初这种性质或多或少是掩饰起来的，仅仅处于隐蔽状态。随着资产阶级的发展，在它的内部发展着一个新的无产阶级，即现代无产阶级。无产阶级同资产阶级之间展开了斗争，这个斗争在双方尚未感觉到，尚未予以注意、重视、理解、承认并公开宣告以前，最初仅表现为局部的暂时的冲突，表现为一些破坏行为。另一方面，如果说现代资产阶级的全体成员由于组成一个与另一个阶级相对立的阶级而有共同的利益，那么，一旦那些成员之间出现对立，他们的利益就会互相对抗和冲突。这种利益上的对立是由他们的资产阶级生活的经济条件产生的。资产阶级借以在其中活动的那些生产关系的性质决不是单一的、单纯的，而是两重的；在产生财富的那些关系中也产生贫困；在发展生产力的那些关系中也发展一种产生压迫的力量；这些关系只有不断消灭资产阶级单个成员的财富和产生出不断壮大的无产阶级，才能产生资产者的财富，即资产阶级的财富；这一切都一天比一天明显了。”①

① 《马克思恩格斯文集》第 1 卷，人民出版社 2009 年版，第 614 页。

对此不难看出，马克思最后得出的社会革命的结论是以社会历史基本矛盾运动（即生产力与生产关系的矛盾运动）分析方法为基础的。对于历史发展的表象做出根本性的分析，以生产力与生产关系矛盾运动分析法解读历史与现实，是马克思揭示历史之谜的关键。

在《德意志意识形态》中马克思、恩格斯第一次较为系统地阐述了历史唯物主义的基本观点和原理。而在《哲学的贫困》则进一步发展了生产力与生产关系矛盾运动的思想，是马克思用以分析社会问题的现实运用。

2. 分工和机器

在对蒲鲁东的哲学前提进行清算的过程中，马克思也将焦点转向了蒲鲁东的方法论之中，而这一批判也主要是集中在蒲鲁东关于分工和机器的论点上。在这一章节中，马克思首先提出自己的质疑："工厂或机器是否真是在分工之后把权威原理带入社会；工厂或机器是不是一方面恢复劳动者的权威，而另一方面又同时使劳动者从属于权威；机器是不是被分割的劳动的新的合成，是不是与劳动的分析相对立的劳动的合题。"对此，马克思还是从资本主义社会基本矛盾——个别企业有计划的生产与社会生产的无政府状态之间的矛盾出发，指出权威是建立在生产方式基础之上的。对于蒲鲁东的机器议题，马克思也指出机器的发展本身没有原罪之说，其关键之处在于机器与一定的社会关系的结合成为奴役劳动和劳动者的工具，“自动工厂一出现就表现出一些绝非慈善的行为。儿童在皮鞭下面工作，他们成了买卖的对象，有人为弄到儿童而同孤儿院订立了合同。所有关于徒工制度的法律一概废除，因为，用蒲鲁东先生的话来说，再也用不着综合的工人了。最后，自 1825 年起，一切新发明几乎是工人同千方百计地力求贬低工人特长的企业主发生冲突的结果。在每一次多少有一点重要性的新罢工之后，总要出现一种新机器。而工人则很少在机器的应用中看到他们的权威的恢复，或如蒲鲁东先生所说，他们的复原。因此，在 18 世纪，工人曾经长期地反抗过正在确立的自动装置的统治”[①]。

对于蒲鲁东关于“机器”的观点，马克思一针见血地指出：“劳动的组织和划分视其所拥有的工

① 《马克思恩格斯文集》第 1 卷，人民出版社 2009 年版，第 627—628 页。

具而各有不同。手推磨所决定的分工不同于蒸汽磨所决定的分工。因此，先从一般的分工开始，以便随后从分工得出一种特殊的生产工具——机器，这简直是对历史的侮辱。”[①] 因此在马克思看来，真正的机器只是在 18 世纪后半叶才出现，“机器正像拖犁的牛一样，并不是一个经济范畴。机器只是一种生产力。以应用机器为基础的现代工厂才是生产上的社会关系，才是经济范畴”[②]。而蒲鲁东则把机器视为分工的反题，使被分散了的劳动重归统一的合题，真是荒谬之极。事实上，从简单的工具到工具的积累再到复合的工具；由一个发动机即人手开动复合工具发展到由自然力开动这些工具，即机器；由发动机的机器体系发展到有自动发动机的机器体系，这就是机器发展的进程。总之，机器对分工起着极大的影响，只要一种物品的生产中有可能用机械制造它的某一部分，生产就立即分成两个彼此独立的部门。同时，机器的采用加剧了工厂内部的分工，简化了作坊内部工人的职能，扩大了资本积累，使人进一步被分割。蒲鲁东撇开历史的实际

①② 《马克思恩格斯文集》第 1 卷，人民出版社 2009 年版，第 622 页。

发展进程，抽象地演绎分工和机器的范畴，只能是在原本清晰的经济问题上添加一些无根据的“哲学胡说”。

3. 竞争和垄断

蒲鲁东在竞争问题上的根本错误在于：维护竞争的永恒必然性。在蒲鲁东看来，竞争是工业竞赛，是自由的、最时髦的方式，是劳动中的义务，是价值的构成，是平等到来的条件，是社会经济的原理，是命运法规，是人类灵魂的必然要求，是永恒公平的启示，是划分中的自由，是自由中的划分，是一个经济范畴。进而，竞争是垄断的对立物，因此竞争不可能同联合对立。与此相应，马克思指出：“竞争对资产阶级关系所起的破坏作用，将随着新生产力即新社会的物质条件在它的刺激下急剧地形成而日益增大。至少在这一点上竞争的坏的一面也会有它的好处。”[①] 与此同时蒲鲁东还认为，垄断是一件好事，因为它是一个经济范畴，是从“人类的无人身的理性”中散发出来的东西。竞争也是一件好事，因为它也是一个经济范畴。但是，

---

① 《马克思恩格斯文集》第 1 卷，人民出版社 2009 年版，第 635 页。

蒲鲁东却只是说出了一个显而易见的事实，即竞争产生现代垄断。

从历史上看，竞争是由封建垄断产生的，竞争原来是垄断的对立面，而并非垄断是竞争的对立面；因此，现代垄断并不是一个单纯的反题，相反，它是一个真正的合题。马克思按照黑格尔的逻辑建立了资本主义时代竞争和垄断的正、反、合模型，即“正题：竞争前的封建垄断；反题：竞争；合题：现代垄断。它既然以竞争的统治为前提，所以它就是封建垄断的否定，同时，它既然是垄断，所以就是竞争的否定”[①]。

然而在实际生活中，我们不仅可以找到竞争、垄断和它们的对抗，而且可以找到它们的合题，这个合题并不是公式，而是运动。垄断产生竞争，竞争产生垄断。垄断资本家彼此竞争着，竞争者逐渐变成垄断资本家。如果垄断资本家用局部的联合来限制彼此间的竞争，工人之间的竞争就要加剧；对某个国家的垄断资本家来说，无产者群众愈增加，各国垄断资本家间的竞争就愈疯狂。合题就是：垄

---

① 《马克思恩格斯文集》第 1 卷，人民出版社 2009 年版，第 636 页。

断只有不断投入竞争的斗争中才能维持自己。

4. 土地所有权或地租

在每个历史时代中所有权以各种不同的方式、在完全不同的社会关系下面发展着。要想把所有权作为一种独立的关系、一种特殊的范畴、一种抽象的和永恒的观念来下定义，这只能是形而上学或法学的幻想。因此，马克思在这一节的目的就是要重新描述资产阶级生产的全部社会关系，以此来解开传统经济学，特别是蒲鲁东用天命等神秘词句包裹起来的真实内核。李嘉图所说的地租就是资产阶级状态的土地所有权，也就是从属于资产阶级生产条件的封建所有权。根据李嘉图的学说，一切物品的价格归根到底取决于生产费用，其中包括经营利润。换句话说，价格取决于所用劳动时间的多少。在工业生产中，使用劳动量最少的产品的价格决定着其余的同类产品的价格，因为最便宜而效率又最高的生产工具可以无限增加，而自由竞争必然产生市场价格，就是说，产生一种一切同类产品的共同价格。与此相反，在农业生产中一切同类产品的价格取决于生产中使用劳动量最多的产品的价格。首先，这里不能像工业生产中那样随意增加效率相同的生产工具的数量，即肥沃程度相同的土地数量。其次，由于人口逐渐增加，人们就开始经营劣等地，或者在原有土地上进行新的投资，这新的投资的收益比原始投资的收益就相应地减少。在这两种情况下都是用较多的劳动获得较少的产品。劳动必须增加是由人口的需要造成的，因此用高价耕种的土地的产品就一定和用低价耕种的土地的产品同样有销路。但由于竞争使市场价格平均化，所以优等地的产品就要同劣等地的产品等价销售。优等地的产品价格中超过生产费用的这一余额就构成地租。假如人们可以随时得到肥沃程度相同的土地，又假如农业也和工业一样随时可以使用花费较少而效率较高的机器，或者假如后来的土地投资和最初的投资获得的效果相同，那么，农产品的价格就会像我们所见的工业产品价格一样，取决于最好的生产工具所生产的商品的成本。但是，这样地租就会消失。

要使李嘉图的理论普遍正确，必须使资本能够自由运用于各生产部门；资本家之间高度发展的竞争必须使利润达到同一水平；必须使土地经营者变成普通的资本主义企业家，他要从他投入劣等地的资本中取得相当于他投资于任何工业部门时所能取得的利润；必须使土地的耕作按照大生产制度进行；还必须使土地所有者本人只想得到货币收入。土地租佃已高度发展，但是还没有地租。因为地租不仅是扣除工资以后，而且还是扣除经营利润以后的余额，所以，如果土地占有者的收入只是来自克扣工资，地租就不可能存在。这样看来，地租不仅不把土地使用者、土地经营者变成简单的劳动者，不仅不“从耕者那里夺取他不能不视为己有的产品的余额”，而且它使土地所有者面对的已不是奴隶、农奴、代役租的农民或雇农，而是资本主义企业家。自从土地所有权构成地租来源以来，土地占有者所得的就只是超过生产费用的余额，它不仅由工资而且也由经营利润决定。可见，地租正是从土地占有者那里夺去的一部分收入，在封建租佃者被资本主义企业家排挤以前，还经过一个很长的时期。例如，在德国，这种变化直到18世纪的最后三四十年间才开始。只有在英国，资本主义企业家和土地所有者之间的这种关系才得到了充分的发展。正如马克思所言：“尽管李嘉图已经假定资产阶级的生产是规定租的必要前提，但是他仍然把他的租用于一切时代和一切国家的土地所有权。这就是把资产阶级的生产关系当作永恒范畴的一切经济学家的通病。”①

反观蒲鲁东的地租理论，其荒谬和抽象的特性就更加明显了，他赋予“地租”以天命的目的，把耕者变成负有义务的劳动者，然后很快就从这里转向地租的平均分配。蒲鲁东地租理论的实质是：在文明的发展进程中，利息有不断下降的趋势，而地租却有不断上升的趋势。利息由于资本充斥而下降，地租由于生产更加完善、土地使用方法日益改进而上升。

在马克思看来，蒲鲁东的地租理论以及由此导出的“所有权”几乎没有任何正确的成分，因为对土地所有者本人来说，地租是他买进土地时所付出的或卖出土地时所能收回的资本的利息。但是在买卖土地时他买进或卖出的只是地租。土地所有者为了取得地租而付出的代价是以一般利润率而定，与地租的本质无关。投入土地的资本的利息通常是低于投入工商业的资本的利息。因此，如果不把土地

---

①《马克思恩格斯文集》第 1 卷，人民出版社 2009 年版，第 644 页。

给它的所有者带来的利息同地租本身区分开来，那么似乎土地资本的利息比其他资本的利息还要低些。但是，问题不在地租的买价或卖价，不在它的市场价值，不在资本化的地租，而在地租本身。租金不仅包含真正的地租，还可能包含投入土地上的资本的利息。在这种情况下，土地所有者不是以土地所有者的身份，而是以资本家的身份获得这一部分租金。不过，这并不是我们所要讲的真正的地租。只要土地不被用作生产资料，它就不是资本。正如所有其他生产工具一样，土地资本是可以增多的。我们不能在它的物质成分上添加任何东西，但是我们可以增加作为生产工具的土地。人们只要对已经变成生产资料的土地进行新的投资，也就是在不增加土地面积的情况下增加土地资本。土地资本是固定资本，但是固定资本同流动资本一样也有损耗。土地方面已有的种种改良要求人们把它们保持下来并进一步改良。这些改良只有在一定时期内才有效用，这和所有别的用来使物质变成生产资料的改良是一样的。假如土地资本是永恒的，那么，有些地方就不会有今天这样的面貌。

总之，土地只要产生利息，就是土地资本。但是，它既然是土地资本，也就不能提供地租，就不能形成土地所有权。地租是实行土地经营时那种社会关系的结果。它不可能是土地所具有的多少是经久的持续的本性的结果。地租来自社会，而不是来自土壤。在蒲鲁东先生看来，“耕作的改进”是地租不断上升的原因。其实恰恰相反，这种改进迫使地租周期性地下降。一般说来，农业上或工业上的一切改良就是用同样多的劳动生产出更多的产品；或是用更少的劳动生产出同样多或者更多的产品。由于这些改良，土地经营者可以避免用更多的劳动获得比较少的产品。这时，他已没有必要去耕种劣等地，他在同一块土地上继续进行投资可以取得相同的收获。因此，这些改良不但不能像蒲鲁东先生所说的提高地租，它们反而成为地租上升的暂时障碍。

5. 罢工和工人同盟

在本章最后一节中，马克思通过罢工和工人之间的同盟论证了无产阶级社会革命的必要性与可能性。《哲学的贫困》有许多篇幅是马克思论述资本主义的一般特征、历史道路及其发展的形式和趋势。他提到了资本积累、工场手工业、机器大工业、工厂制度、分工、地租、农艺学等诸多经济学问题，他所得出的一般结论是：资本主义的生产方式将越来越多的劳动者变为雇佣工人，这些工人在和资本家斗争中会逐渐团结起来，形成一个自为的阶级。随着生产力的发展，工人越来越受到来自地主、矿主、工业、交通、银行、金融信贷等资本的多重压迫，资本家为了保持有利的经济条件也会联合起来并形成坚固的反动势力。资产阶级在其发展的进程中，随着大工业的发展，生产力和生产关系矛盾的尖锐化，无产者和资产者的相互对抗不可避免：当生产力和生产关系的矛盾发展到十分紧张的时候，一旦阶级斗争条件成熟，必将爆发为全面的社会革命。

在马克思看来，资产阶级成为阶级经历了漫长的时间，是从组织反封建的局部性同盟开始的。无产阶级起初是“内在的阶级”，组织方式是同盟，这种同盟正在获得“政治性质”，奔向政治斗争的目标，再进一步，无产阶级就成为“自为的阶级”。其原因，仍然要到生产力和社会关系的相互关系中去寻找。作为无产阶级解放的基础和根据的生产力是高度发展的社会化生产力，而要改变的社会关系则是成熟了的资本主义关系，它的对立面的生产关系是不再具有阶级对抗性质的生产关系。

马克思指出，罢工常常引起某种新机器的发明应用，新机器又成为资本家用来对付熟练工人反抗的武器。例如，在英国，自动纺纱机击溃了进行反抗的纺纱工人。那么，同盟和罢工的后果究竟如何呢？在马克思看来，“劳动者最初企图联合时总是采取同盟的形式。大工业把大批互不相识的人们聚集在一个地方。竞争使他们的利益分裂。但是维护工资这一对付老板的共同利益，使他们在一个共同的思想（反抗、组织同盟）下联合起来。因此，同盟总是具有双重目的：消灭工人之间的竞争，以便同心协力地同资本家竞争。反抗的最初目的只是维护工资，后来，随着资本家为了压制工人而逐渐联合起来，原来孤立的同盟就组成为集团，而且在经常联合的资本面前，对于工人来说，维护自己的联盟，就比维护工资更为重要。下面这个事实就确切地说明了这一点：使英国经济学家异常吃惊的是，工人们献出相当大一部分工资支援经济学家认为只是为了工资而建立的联盟。在这一斗争（真正的内战）中，未来战斗的一切必要的要素在聚集和发展着。一旦达到这一点，联盟就具有政治性质”[①]。

最后，马克思指出，工人阶级在历史发展进程中将创造一个没有阶级对立的联合体，在此之前，资产阶级和无产阶级间的对抗仍然是一个阶级反对另一个阶级的斗争，只有在没有阶级和阶级对抗的情况下，社会进化才不再是政治革命。

总之，《哲学的贫困》的第一章主要是对蒲鲁东的构成价值理论进行批判，第二章是关于经济学方法论的讨论。根据《哲学的贫困》的主要内容，学术界长期以来一般将其定位为一部经济学著作。但是，研究者不能将它单纯局限在马克思主义政治经济学的范围内，而忽视了它的哲学性质，忽视它在科学社会主义学说发展史上的地位。

由于蒲鲁东主义对于欧洲工人运动较为深刻的影响，在《哲学的贫困》之后，马克思、恩格斯一直没有停止对于蒲鲁东主义的批判，这种批判几乎是贯串整个第一国际时期，诚如恩格斯在 1879 年写给贝克尔的信中写道：“从《宣言》发表时起（确切些说，早在马克思反对蒲鲁东的著作问世时

① 《马克思恩格斯文集》第 1 卷，人民出版社 2009 年版，第 644 页。

起），我们就在不断地同那种小资产阶级社会主义进行斗争。”[①] 特别是后来鼓吹无政府主义的巴枯宁更是将蒲鲁东尊为导师，并对蒲鲁东主义做了进一步片面化的阐述，再加之《贫困的哲学》只是从理论上支持了小资产阶级的社会主义，后来蒲鲁东更是设计了更多的实际社会改良方案。而马克思创作《哲学的贫困》只是就蒲鲁东主义的萌芽进行批判，后续批判就显得尤为重要了。马克思、恩格斯后期批判蒲鲁东主义的主要著作有《政治冷淡主义》和《论住宅问题》。

三、研究范式

关于《哲学的贫困》的研究，由于研究重点不同，学界展现出不同的研究风格、研究旨趣和研究范式。这主要体现在以人物传记为中心的研究范式、以政治经济学为视角的研究范式、以历史观为切入点的研究范式以及以文献学为中心的研究范式。

以人物传记为中心对于《哲学的贫困》的研究，

① 《马克思恩格斯全集》第 34 卷，人民出版社 1972 年版，第 409 页。

主要涉及的是从历史学的角度透视文本在马克思思想演变发展中的思想定位，学术影响及其与马克思后面思想发展的关联等诸方面。梅林指出，《哲学的贫困》“不但是马克思生活上的一个里程碑，而且也是科学史上的一个里程碑。在这部著作中，历史唯物主义世界观的最重要之点第一次得到了科学的阐发”[①]。持相同观点的还有格姆科夫，他认为马克思在《哲学的贫困》中，“第一次把关于社会发展规律的唯物主义学说的基本思想公诸于世（虽然在此以前他和弗里德里希·恩格斯在《德意志意识形态》一书中也曾论述过这些理论，但该书一直未能公开发表）。不仅如此，马克思在《哲学的贫困》里还总结了迁居巴黎以来对资产阶级政治经济学进行批判审查所取得的第一批成果”[②]。麦克莱伦也是从历史唯物主义的思想来看待《哲学的贫困》，指出“马克思的这部著作是历史唯物主义概念的第一次公开发

① ［德］弗·梅林：《马克思传》，樊集译，生活·读书·新知三联书店1965年版，第159页。

② ［德］海因里希·格姆科夫：《马克思传》，易廷镇等译，人民出版社2000年版，第90页。

表和系统的论述”[1]。苏联学者费多谢耶夫也持此观点，他指出“在《哲学的贫困》中马克思第一次通过出版物科学地，虽然还是以论战的形式阐述了他主要是在写作《德意志意识形态》时发挥的历史唯物主义的基本原理”[2]。基于此，我们不难发现以人物传记为中心的研究范式其主要是立足于思想发展史的总体框架下进行的探讨和研究，但由于《德意志意识形态》在马克思、恩格斯生前并未公开发表过，所以学界普遍认为《哲学的贫困》是历史唯物主义的第一次公开的阐述。可见，《哲学的贫困》的特点是经过严格考验的历史唯物主义。从哲学部分来说，这一著作叙述了无产阶级政党科学世界观的基础，并且达到了马克思主义真正经典著作的水平。

以政治经济学为视角对于《哲学的贫困》的研究，主要集中于文本呈现的理论机理及其在马克思主义政治经济学上的历史地位。这一范式的主要代表有苏联学者马雷什，在他看来如果从马克思主

① ［英］戴维·麦克莱伦：《卡尔·马克思传》，王珍译，中国人民大学出版社2005年版，第153页。

② ［苏］彼·费多谢耶夫：《卡尔·马克思》，生活·读书·新知三联书店1980年版，第141页。

义政治经济学的观点来看,《哲学的贫困》无论如何还不算是经典著作,“其中也没有足够的科学共产主义的经济学依据。马克思在自己更进一步的科学研究的过程中,充实了新的历史经验,不得不重新考虑《哲学的贫困》中的一系列原理。如果说到经济理论,那些通常与方法论和具体经济分析有关的原理还是有效的”[①],但是从哲学角度而言,则是一部完全成熟的作品。持相同观点的还有苏联学者罗森别尔格,在他的《十九世纪四十年代马克思恩格斯经济学说发展概论》中就认为:“在《哲学的贫困》一书中对于资产阶级经济学家们的批判已经大大地不同于在《经济学哲学手稿》中对于他们的批判了。在《经济学哲学手稿》一书中是驳斥一切资产阶级经济学家的,还没有把古典经济学家和庸俗经济学家分开。在《哲学的贫困》一书中已经把李嘉图和一般经济学家分开,并且指出了他的价值理论中的有价值的东西。但是,在19世纪40年代,马克思还没有能够彻底批判资产阶级经济学家的古典作家(包括李嘉图在内)的观点,因为当时

① [苏]阿·伊·马雷什:《马克思主义政治经济学的形成》,四川人民出版社1983年版,第175页。

他还没有完成对经济理论的研究。批判和研究是在50年代和60年代上半期完成的。"[①]此外，从《资本论》视角考察《哲学的贫困》，也是这一研究范式的重要特色，维戈茨基则从《哲学的贫困》中所体现出来的马克思的价值思想、货币理论和科学共产主义的理论论证三个方面认为，此时的马克思的经济学思想并不算是成熟，认为不能"过高估计了马克思在十九世纪四十年代后半期的著作——《哲学的贫困》和《雇佣劳动与资本》——所阐述的经济理论的成熟程度"[②]。与此相反，卢森贝则认为此时的马克思已经完成了政治经济学的革命，"《哲学的贫困》是马克思主义政治经济学发展中的重要阶段。马克思在这里已经完成了政治经济学的革命"[③]，后来，他又重申并阐发了这个观点，认为"对'劳动—商品'的新理解中已经打下了它的基础。在《哲学的贫困》一书中，马克思讲的还是

① ［苏］罗森别尔格:《十九世纪四十年代马克思恩格斯经济学说发展概论》，生活·读书·新知三联书店1958年版，第240页。

② ［苏］维·索·维戈茨基:《〈资本论〉创作史》，福建人民出版社1983年版，第2页。

③ ［苏］卢森贝:《政治经济学史》，翟松年等译，生活·读书·新知三联书店1959年版，第455页。

‘劳动的价值’，但是，第一，他揭示了劳动这种商品的特殊属性：它创造的价值大于它本身的价值。第二，马克思指出了这个多余部分以利润的形式为资本家所占有，并不违反价值规律”，因而“《哲学的贫困》是历史唯物主义方面的经典著作，也是政治经济学方面的经典著作”。从政治经济学的视角看待《哲学的贫困》，主要聚焦于其在马克思主义政治经济学史上的地位，以及对于相关经济学范畴的解读和社会状况的分析。

以历史观为切入点对于马克思的《哲学的贫困》的研究，主要是从历史理论的视角审视马克思的思想，特别是马克思政治经济学范畴的影响。比如望月清司在其著作《马克思历史理论的研究》中认为，《哲学的贫困》“在马克思历史理论的形成过程中仍然是不可缺少的”，认为这一文本是在连接了“马克思在《德意志意识形态》中重整界定的‘市民社会’和‘交往’这一社会历史认识”，并在《政治经济学批判大纲》中逐渐成长为他对人类历史结构的新认识的桥梁[①]，认为《哲学的贫困》是

① ［日］望月清司：《马克思历史理论的研究》，韩立新译，北京师范大学出版社 2009 年版，第 234 页。

马克思历史理论走向成熟的标志。国内学者孙伯鍨也指出，马克思首先分析了资产阶级社会内部生产力同生产关系的矛盾，以及表现这种矛盾的阶级对立，与此同时这种矛盾与对立并不是凝固与僵死不变的，而是在不断的斗争中运动和发展起来的，而资本主义社会的产生和发展也是一部阶级对抗的历史，“所以，在《哲学的贫困》中，马克思对资产阶级社会的历史及其内部结构的研究是交织在一起的。他的历史主义既不同于黑格尔唯心主义的伪历史主义，也不同于现代反历史主义的结构主义”[①]，而是一种建立在唯物主义历史观的基础之上辩证的历史主义原则。这一研究范式是基于对传统马克思主义的一种反思而形成的，寄希望于透视马克思的历史思想的发展，而把握马克思唯物史观的形成过程，对于马克思早期文本思想的研究也是在这一视野下进行的。

以文献学为中心的研究范式，主要就是从文本研究中挖掘文本的思想内涵，并通过历时态和同时态的文本比较，确立文本地位及其思想史意义。随

① 孙伯鍨：《探索者道路的探索》，江苏人民出版社 2010 年版，第 328 页。

着对于马克思早期思想研究的深入，学者感到对于马克思的研究还远远不够，提出要重新回到马克思的文本去研究马克思。这一范式的代表人物有德国学者克利姆，他在分析同时期马克思的文本及其通信，并重点考察了《哲学的贫困》这一文本诞生的社会历史背景，他认为马克思从布鲁塞尔搬到伊克塞尔林的一个可能的原因，是“那里是讲法语的，而马克思 1847 年想用法文撰写《哲学的贫困》，需要广泛的法语知识”[①]。国内学者张一兵认为《哲学的贫困》是马克思主义创立以后的经典文献中最早公开发表的文本。根据马克思的看法，马克思主义的新世界观与马克思主义经济科学的“决定性的东西”都是通过这一文本第一次公开问世的。可令人遗憾的是，长期以来我们并没有对这本论著予以足够的理论关注和深入细致的文本解读，指出“马克思的《哲学的贫困》是用法文写作的，以便直接对法国工人产生作用，把他们从蒲鲁东的错误影响下解放出来。在传统学界的研究视域中，一般指认《哲学的贫困》是马克思的第一部经济学著作。而

① ［德］克利姆：《马克思文献传记》，李成毅等译，河南人民出版社 1992 年版，第 139 页。

实际上，如果从以经济学为研究对象的角度来看，它远不是第一部著作（此前还有《1844年经济学哲学手稿》和《政治与政治经济学批判》），但是，它可以说是第一部公开发表的马克思主义著作，也是第一部公开发表的经济学著作。准确地讲，这是一部哲学经济学论著，是马克思用广义的历史唯物主义方法研究经济学的结果”[①]。对于《哲学的贫困》的文献学研究，也有学者倾向于文本间的比较分析，学者余源培、付畅一就《哲学的贫困》与《共产党宣言》和《资本论》之间的关系进行了探讨，他们认为，《哲学的贫困》与《共产党宣言》中的核心基本思想是完全一致的，但是仍存在着两个方面的差别，一是“《哲学的贫困》是在清算蒲鲁东的小资产阶级社会主义的过程中，阐述马克思主义的理论体系的；而《共产党宣言》则是为适应共产主义者同盟制定纲领的要求，系统阐明马克思主义理论体系的”，文本写就的目的和途径是不一样的；二是“鉴于蒲鲁东的著作，是企图用唯心主义历史哲学来建立一个政治经济学的体系，马克思论战性

① 张一兵:《回到马克思》，江苏人民出版社2009年版，第521页。

质的《哲学的贫困》，则侧重于唯物史观和新政治经济学内容的阐述；而《共产党宣言》更多侧重于科学社会主义学说的内容及其实践”，文本的表述风格和侧重点也是有所不同的；[①] 三是文本视域不同，《哲学的贫困》主要是批判蒲鲁东主义的小资产阶级的社会主义，而《共产党宣言》则是批判了各种不同的社会主义思潮，理论视域更为开阔。而对于《哲学的贫困》与《资本论》的关系，他们认为《哲学的贫困》对于科学的政治经济学方法论具有奠基作用，为《资本论》的创作奠定了方法论的基础。

以上四种研究范式构成了《哲学的贫困》这一文本研究的基本路向，虽然侧重点各有不同，但是在焦点问题上却有着很大的交集，这些焦点问题主要集中在马克思的思想底色、思想质点等诸方面。这与文本所呈现出来的理论特色是密切相关的，也是长期以来马克思主义研究传统的逻辑延伸。

---

① 余源培、付畅一：《新世界观的第一次公开问世——〈哲学的贫困〉当代解读》，复旦大学出版社 2012 年版，第 145—146 页。

四、焦点问题

学界对于《哲学的贫困》的关注焦点问题，大致可以分为两大类：一是从整体性研究视角而言，其焦点问题主要包括思想定位研究、蒲鲁东的价值理论研究、蒲鲁东的政治经济学方法论研究三个方面；二是从具体细化性研究视角而言，焦点问题包括生产力和生产关系的辩证关系、无产阶级革命和无产阶级专政观、《哲学的贫困》和《资本论》的关系以及辩证法问题四个方面。

（一）整体性研究视角

对于《哲学的贫困》整体性研究，学界主要聚焦于文本所呈现的思想史意义以及文本主要内容的集中论述。

1.《哲学的贫困》的整体研究：思想定位

关于《哲学的贫困》（本篇简称《贫困》）在马克思主义发展思想史上的地位问题，经典作家包括马克思本人有一些论述，马克思 1895 年在《〈政治经济学批判〉序言》中指出："我们见解中有决定意义的论点，在我们 1847 年出版的为反对蒲鲁东而写的著作《哲学的贫困》中第一次作了科学的，虽然只是论战性的表述。”在这里，马克思用了“有决定意义的”“第一次”“科学的”作为定语，可以看成对《贫困》在马克思主义发展史上标志性地位的一种确认。关于这一点，恩格斯也做出了类似的评价。恩格斯在为《贫困》德文第一版所写的序言中说得更为明白：“本书是1846年到1847年的那个冬天写成的。那时，马克思已经彻底地明确了自己的新的历史观和经济观的基本点。当时刚刚出版的蒲鲁东《经济矛盾的体系，或贫困的哲学》一书，使他有机会发挥这些基本点……”同时，恩格斯在为《反杜林论》所写的第三版序言中说：“马克思和我所主张的辩证法和共产主义世界观，首先在马克思的《哲学的贫困》和《共产党宣言》中问世。”列宁则把《贫困》称为成熟的马克思主义的最初著作。[①] 由此可见，《贫困》在马克思主义思想发展历程是一篇非常重要的著作，学界在关于《贫困》是否已经成为马克思主义政治经济学、哲学和科学社会主义的经典著作问题上存在一些讨论。

就国外学者而言，奥伊泽尔曼与卢森贝观点类

① 《列宁选集》第8卷，人民出版社1986年版，第189页。

似，都认为《贫困》既是政治经济学的经典著作，而且也是哲学和科学社会主义的经典之作。奥伊泽尔曼指出[①]，《贫困》不仅对蒲鲁东主义和一般小资产阶级社会主义的哲学、经济学基础做了深刻的批判，而且还对科学共产主义做了经典式的说明和经济上、哲学上的论证。

罗森别尔格[②]更进一步强调，马克思在《贫困》中不仅完成了揭穿蒲鲁东小资产阶级思想体系的任务，而且从革命的无产阶级的观点批判了小资产阶级的哲学和小资产阶级的政治经济学，同时继续发展了自己的哲学观点和经济学观点，这使得无产阶级可以制定旨在推翻资本家政权和建设共产主义社会的纲领了。在《贫困》中，辩证唯物主义的原理第一次最充分、最全面地被推广去说明社会的经济生活，被应用去研究通过经济范畴表现出来的生产关系。从而，历史唯物主义得到了更加充分的发展。因此，《贫困》是历史唯物主义方面的经典著

---

① ［苏］奥伊泽尔曼：《马克思主义哲学的形成》，潘培新等译，生活·读书·新知三联书店 1964 年版，第 549—550 页。

② ［苏］罗森别尔格：《十九世纪四十年代马克思恩格斯经济学说发展概论》，方钢译，生活·读书·新知三联书店 1958 年版，第 236—238 页。

作，也是政治经济学方面的经典著作：它是《德意志意识形态》(本篇简称《形态》)一书中所提出的一些东西的继续发展，同时也是马克思对《1844年经济学哲学手稿》(本篇简称《手稿》)进行修改的结果。

与奥伊泽尔曼和罗森别尔格不同，梅林[①]则主要从哲学角度来评价《贫困》，他在《马克思传》中指出，这部书不但是马克思生活上的一个里程碑，而且也是科学史上的一个里程碑。在这部著作中，历史唯物主义世界观的最重要之点第一次得到了科学的阐发。《贫困》叙述了历史唯物主义的一些最基本的要素，同时也为自己对德国哲学的观点做了总结，这是一部历史唯物主义的经典著作。对于梅林的评价，罗森别尔格[②]认为梅林对《贫困》做了片面的甚至是错误的评价，他强调，梅林认为《贫困》只是历史唯物主义方面的著作，忽视了它在马克思的经济学说发展中的重大作用，更甚的

---

① ［德］梅林:《马克思传》，罗稷南译，生活·读书·新知三联书店1950年版，第159、167页。

② ［苏］罗森别尔格:《十九世纪四十年代马克思恩格斯经济学说发展概论》，方钢译，生活·读书·新知三联书店1958年版，第237—238页。

是，梅林认为，《贫困》第一次科学地探讨了历史唯物主义世界观最重要之点，在马克思先前的著作中，这只是一些发出火花的闪光，对此罗森别尔格认为，梅林忽视了《形态》的意义，马克思在《形态》中就已经发展了历史唯物主义的要点。

针对奥伊泽尔曼提出的《贫困》包含着“科学共产主义的经典的论述，它的经济学和哲学上的依据”[①] 观点，以及罗森别尔格提出的“《贫困》是历史唯物主义方面的经典著作，也是政治经济学方面的经典著作”[②] 观点，马雷什[③] 表示不能认同。他强调，马克思当时的经济学观点的完整体系还没有形成，某些观点还暂时处于胎儿时期，马克思还不完全是批判地接受资产阶级古典政治经济学家的理论，并且在某些问题上赞同他们的错误教条。从马克思主义政治经济学的观点来看，《贫困》无论如何还不是经典著作。其中也没有足够的科学共产主

---

① ［苏］奥伊泽尔曼：《马克思主义哲学的形成》，潘培新等译，生活·读书·新知三联书店 1964 年版，第 510 页。

② ［苏］罗森别尔格：《十九世纪四十年代马克思恩格斯经济学说发展概论》，方钢译，生活·读书·新知三联书店 1958 年版，第 237 页。

③ ［苏］阿·伊·马雷什：《马克思主义政治经济学的形成》，刘品大译，四川人民出版社 1983 年版，第 175 页。

义的经济学依据。

不仅如此，马雷什[①]还对罗森别尔格和梅林的态度进行了评价，他认为罗森别尔格是不正确的，只要仔细阅读梅林所写的《马克思传》，就可以看出，梅林着重指出了《贫困》中最重要的政治经济学结论，一般说来成功地描述了这一著作的全部科学意义。当然，梅林认为马克思在写作《贫困》时是李嘉图派社会主义者，这是毫无根据的。虽然马克思也从李嘉图那里借用了一系列原理，但是从总的情况来看，到了1847年，马克思已经远远超过了资产阶级政治经济学的古典学派。因此，马雷什的观点是，在哲学方面《贫困》完全是成熟的著作，是经过严格考验的历史唯物主义的经典著作。同时，这部从头到尾是批判和克服资产阶级社会科学的错误和弱点的著作是《资本论》的萌芽。

由此，奥伊泽尔曼与罗森别尔格站在同一立场，认为《贫困》不仅是历史唯物主义的经典著作，也是政治经济学与科学社会主义的经典之作，而马雷什与梅林则立场更为相似，更主张从哲学视角来突

---

① ［苏］阿·伊·马雷什：《马克思主义政治经济学的形成》，刘品大译，四川人民出版社1983年版，第171、174、176页。

出《贫困》的地位。

还有一些国外学者侧重从哲学、政治经济学等层面对《贫困》进行评价。例如，克莱恩[①]认为，马克思在这部著作中，由于他科学地证明了资本主义关系的历史的暂时性并由此推演出工人阶级的政治任务，从而深刻地论证了无产阶级的世界历史使命。他批驳了蒲鲁东基于抽象道德地估价经济过程的空想社会主义的观念，揭露了这种观念的小资产阶级反动的社会内容，并揭示出它的哲学基础是庸俗化的黑格尔唯心主义和被诡辩地歪曲了的黑格尔辩证法，因而马克思继续发展了唯物主义历史观决定性的组成部分和阐明了唯物主义辩证法的本质特征。

图赫舍雷尔[②]认为,《贫困》是马克思发表的第一部经济著作。尽管马克思在《贫困》中是用李嘉图和黑格尔来批判蒲鲁东，并且在很大程度上以这两位为依据，但是马克思的观点作为历史唯物主义

---

① ［德］克莱恩:《马克思主义哲学史:从马克思主义哲学的产生到巴黎公社之前》，熊子云译，中国人民大学出版社 1983 年版，第 278 页。

② ［德］瓦·图赫舍雷尔:《马克思经济理论的形成和发展 1843—1858》，马经青译，人民出版社 1981 年版，第 201 页。

和唯物主义辩证法的观点，在本质上是既不同于李嘉图也不同于黑格尔的观点的。由此可见，不仅劳动价值论而且辩证法都以崭新的面貌出现，在《贫困》中，马克思主义和它的理论源泉——英国古典政治经济学和德国古典哲学之间的联系以及和它的在政治经济学和哲学上的先驱者之间存在的差别，也是显而易见的。

汤姆·洛克曼[①]认为，这一著作虽然是辩论性的，但它仍然很重要，这并不仅仅是因为它在表面上是马克思第一本单独写政治经济学的书。在简短的前言里，马克思把自己设计为一个德国经济学家，他指出他的讨论将不会局限于蒲鲁东，而是要致力于德国哲学和政治经济学的讨论。《贫困》可以说是马克思继续努力掌握哲学与政治经济学的一个机会，因为哲学和政治经济学是影响他理解和改造现代工业社会的两个主要因素。

城塚登[②]评价道，马克思在《贫困》中毫不留

① ［法］汤姆·洛克曼：《马克思主义之后的马克思：卡尔·马克思的哲学》，杨学功等译，东方出版社2008年版，第135页。

② ［日］城塚登：《青年马克思的思想——社会主义思想的创立》，尚晶晶等译，求实出版社1988年版，第126页。

情地揭露了蒲鲁东的思想如何建立在抽象的基础之上，以及如何建立在他的贫乏的政治经济学和哲学的知识之上；同时，马克思还论述了自己的价值理论，建立了崭新的政治经济学基础，把他在《形态》中表述的唯物史观更加具体化了。

就国内学者来说，研究思路基本与国外学者类似，也是从哲学、政治经济学以及科学社会主义等层面对文本地位进行分析。具体来说：

汤在新[①]将《贫困》定位为《资本论》理论形成的起点，《贫困》不仅在于进一步明确和发挥了《形态》提出的辩证唯物主义和历史唯物主义的基本原理，而且在于按照新的方式规定政治经济学的对象和方法，把政治经济学变成一门历史科学。一方面，《资本论》理论的核心及其基石在《贫困》中已经明确，也就是说《资本论》理论的基本轮廓已经勾画出来；另一方面，《资本论》理论的这些因素又还只是处于萌芽状态中，一系列理论难题尚未解决，而这些理论问题的解决，从萌芽到成熟，也正是创立《资本论》的过程。可见，马克思把这

① 汤在新：《〈哲学的贫困〉是〈资本论〉理论形成的起点》，载《江汉论坛》1984年第2期。

部著作而不是把在此之前或以后的其他著作看作自己理论的起点，是十分恰当的。

黄楠森[①]认为，《贫困》是马克思运用唯物史观对政治经济学研究的成果，促进了马克思主义政治经济学的诞生。马克思在《贫困》中用相当大的精力和相当多的篇幅着力批判了蒲鲁东的小资产阶级政治经济学思想，涉及了很多政治经济学的理论问题，与《手稿》不同的是，马克思这时已经获得了正确的哲学思维方法——历史唯物主义的方法。这一科学方法始终是他在自己的著作中批判蒲鲁东的经济学思想，探索和建设新的政治经济学体系的基本方法。马克思在《贫困》中奠定了马克思主义政治经济学的基础，确立了政治经济学的研究对象，不但为科学的劳动价值论的创立开辟了新的道路，而且也孕育着剩余价值论的思想。

张一兵[②]认为，马克思的《贫困》是一部哲学经济学论著，实现了历史唯物主义与政治经济学的

---

① 黄楠森等：《马克思主义哲学史》第 1 卷，北京出版社 1996 年版，第 511 页。

② 张一兵：《历史唯物主义与政治经济学的最初接合——蒲鲁东与马克思的〈哲学的贫困〉》，载《中共福建省委党校学报》1999 年第 1 期。

最初接合，马克思阐发了自己的新哲学，从广义上说，它首先是一种科学的方法论，这种方法论不再是传统意义上的形而上学，离开了历史的现实的具体科学研究，哲学在马克思主义的科学视域中就不再具有科学意义上的合法性。从狭义上说，哲学进一步表现为一种对一定历史条件下人类生存情境的理性把握。在《贫困》中，马克思才刚刚开始将他在经济学研究成果中新创立的历史唯物主义，再一次运用于政治经济学本身的科学建构之中。当然，这还是一种初步的理论接合。

杨耕[①]认为，《贫困》是第一部完全成熟的历史唯物主义著作，如果说《黑格尔法哲学批判》是历史唯物主义形成的开始，那么，《贫困》则是历史唯物主义形成过程的结束。《贫困》是《形态》的升华，它第一次使历史唯物主义的中心范畴和核心观点达到了思想的完全成熟和术语的准确表达的统一，并以此为基础，科学地概括了马克思主义的阶级斗争理论，科学地论述了社会发展是自然历史过程的观点，至此，历史唯物主义才真正基本形成。

---

① 杨耕：《〈哲学的贫困〉对历史唯物主义的科学表述》，载《马克思主义研究》1985年第4期。

唐正东[1]认为，马克思在《贫困》中对蒲鲁东形而上学的社会改革思路的批判已经很到位了，马克思对蒲鲁东的批判一方面彰显了他在《形态》中已经形成的历史唯物主义哲学在经济学领域中的良好运用，从而使他的这种批判显现出很强的针对性；但另一方面也反映出在经济学研究水平滞后的前提下，马克思尚无法清晰地建构历史唯物主义的具体历史理论，他在批判蒲鲁东时沿用了在批判费尔巴哈等人时已形成的阐述思路，从而在一定程度上影响了他对资本主义生产关系之深层内容的理解。

综上，国内外学者普遍高度肯定《贫困》的思想地位，认为，《贫困》是马克思运用唯物史观对政治经济学进行研究的重要成果，展现了马克思的新世界观，在哲学、政治经济学和科学社会主义方面都为后来马克思主义的发展提供了宝贵的思想源泉。

2.《贫困》的整体研究：批判蒲鲁东的价值理论

在《贫困》第一章中，马克思对蒲鲁东的价值理论进行了批判，通过对蒲鲁东与李嘉图经济学

① 唐正东：《对蒲鲁东的批判给马克思带来了什么？——〈哲学的贫困〉的思想史地位辨析》，载《江苏社会科学》2010 年第 2 期。

理论的对比，马克思发现，蒲鲁东运用的“交换价值”“构成价值”“货币”“劳动的剩余”等经济学范畴是非“科学”的。国内外学界对这一部分内容进行了分析，基本的研究思路是在对蒲鲁东以及马克思价值理论进行归纳总结的基础上，指出马克思对蒲鲁东批判的科学之处，并对当时马克思经济思想的不成熟进行评析，另外这里也涉及一个马克思对李嘉图经济理论的认识问题。

费多谢耶夫[①]指出，在《贫困》中，马克思提出他的剩余价值理论的一些最初原理。这种理论是他在后来写的著作中发挥的。马克思在这里还使用从古典经济学家那里借用来的概念，如“作为商品的劳动”“劳动价值”“劳动价格”。但是，他赋予这些概念一种新的内容，从而揭露在雇佣劳动和资本的关系中的剥削实质。马克思认为，劳动是一种特殊类型的商品。购买和使用这种商品，使资本家发财致富，使工人处境恶化。马克思表述了——虽然还是以一般的、萌芽的形式表述的——资本主义积累的普遍规律。

① ［苏］彼·费多谢耶夫等：《卡尔·马克思》，生活·读书·新知三联书店1980年版，第145页。

城塚登[1]指出，马克思在第一章中，通过批判蒲鲁东的价值论，奠定了他自己的价值理论的基础。马克思在这里论证了蒲鲁东的出发点多么抽象，因为他混淆了两种不同的劳动，即作为决定产品价值的尺度的劳动和本身具有商品价值的劳动。虽然当时还不能说他已十分明确，但是理解这一点是极其重要的。这是因为由此可以直接推导出马克思在《政治经济学批判》和《资本论》中论述的，构成他政治经济学研究的基础的剩余价值。马克思克服了李嘉图一派的缺陷——从等价交换的原则不能说明资本和劳动的交换——同时马克思还认识到资本主义的生产方式已成为生产力发展的桎梏，他从政治经济学方面证明了资本主义社会必然崩溃。

罗森别尔格[2]认为，马克思对蒲鲁东所批判的巨大意义不仅在于他揭露了蒲鲁东的整个概念和研究方法毫无依据，而且在于他批判蒲鲁东时，发展了为新的，与资产阶级和小资产阶级政治经济学相

---

① ［日］城塚登：《青年马克思的思想——社会主义思想的创立》，尚晶晶等译，求实出版社 1988 年版，第 128 页。

② ［苏］罗森别尔格：《十九世纪四十年代马克思恩格斯经济学说发展概论》，方钢译，生活·读书·新知三联书店 1958 年版，第 240—245 页。

反的政治经济学奠定基础的一系列思想。马克思在《贫困》中已经把李嘉图和一般经济学家分开，并且指出了他的价值理论中的有价值的东西。马克思的进一步分析就是揭露创造价值的劳动的特点，是划分价值与其表现形式即交换价值之间的差别。在《贫困》中还没有完善的剩余价值理论，但是在对“劳动—商品”的新的理解中已经打下了它的基础。

还有一些学者则指出了马克思经济思想在这里的不足之处。马雷什①指出了马克思在《贫困》中政治经济学思想的不成熟性，他认为，在《贫困》中已经几乎解决了价值的所有问题的观点是错误的。马克思从根本上批判地改造了配第、斯密、李嘉图和资产阶级政治经济学的其他优秀代表人物所达到的成就。在《贫困》中为这种改造创造了决定性的方法论前提，但是改造的过程本身还没有开始，而且也还不能说已经详细地弄清了价值规律发生作用的机制。另外，马克思关于货币以及工资的论述还没有摆脱李嘉图的理论框架，《贫困》还没有谈到剩余价值，但是其中已经拟定要解决剩余价

① ［苏］阿·伊·马雷什：《马克思主义政治经济学的形成》，刘品大译，四川人民出版社 1983 年版，第 181—182 页。

值问题。

图赫舍雷尔[①]认为，马克思对李嘉图在政治经济学理论领域中的贡献进行了高度评价，这为他充分地利用并批判地吸收李嘉图理论中以及资产阶级古典政治经济学的经济理论中的宝贵要素开辟了道路。马克思反对蒲鲁东并不是捍卫李嘉图的理论本身，因为马克思在方法论上、世界观上以及阶级立场上都不同于李嘉图[②]。马克思研究的主要方面是揭示资本主义生产方式的规律，并指出资本主义生产方式是如何随着它本身的发展而产生出由社会主义社会来替代它的物质因素及主观因素，并使这些因素逐渐成熟起来。虽然马克思以李嘉图的理论为基础，但他还是常常用他新的考察方式和方法论赋予李嘉图的理论及其一些基本原理以一种新的内容，

---

① [德]瓦·图赫舍雷尔:《马克思经济理论的形成和发展 1843—1858》，马经青译，人民出版社 1981 年版，第 234—236 页。

② 资产阶级古典经济学家只顾以价值规律来说明资本主义生产方式执行职能的方式，而蒲鲁东与其他小资产阶级社会主义者想以实现价值来建立社会的平等，并消除资本主义社会所产生的一切弊病。马克思与资产阶级经济学家相反，他要证实价值与资本主义生产方式的基础有不可分割的联系，价值只有在竞争中和通过竞争才能得到实现;在以个人交换、劳动价值转化为商品为基础的资本主义社会中，如果不彻底改变整个生产方式本身，就不能消灭构成“灾难丛生的根源”与“同时又是进步的原因”的竞争和生产的无政府状态。

所以他在某些问题上已大大超过了李嘉图。但即使如此，马克思完全没有搞清楚由劳动时间决定的价值同它变相的表现形式，即资本主义的生产价格之间的差别，而是不加批判地接受了李嘉图的观点；马克思对蒲鲁东形而上学地使各个经济范畴孤立起来以及关于经济范畴的论述的批判还有不足之处；等等。

与图赫舍雷尔站在同样的立场上。张一兵[①]指出，在《贫困》中马克思在第一章中对蒲鲁东的经济学批判是正确的，但从理论深层来看还存在着一些问题。第一章的真正主体是交换价值，马克思在这里主要还是从量的规定来说的，而对价值的质的分析还没有提到日程上来，此时，马克思还没有论及价值与交换价值之间、交换价值与价格之间以及价格与市场价格之间的严格区别，还没有搞清楚由劳动时间决定的价值同它变相的表现形式，即资本主义的生产价格之间的差别，所以他还是不加批判地接受了李嘉图的观点，因而既有正确的内容也有错误的方面：错误在于认为价值由生产费用或劳动

① 张一兵：《历史唯物主义与政治经济学的最初接合——蒲鲁东与马克思的〈哲学的贫困〉》，载《中共福建省委党校学报》1999 年第 1 期。

时间的最低额决定，即马克思接受的“劳动价值”或“劳动的自然价格”这两个名词，并在许多个别问题上直至李嘉图的货币数量论、地租理论以及一般利润率上也都存在错误。因此，由于马克思此时还没有真正解决政治经济学的深层问题，从而也没有形成马克思主义对政治经济学的总体逻辑。

黄楠森[①]认为，马克思在《贫困》中确立了政治经济学的研究对象，科学地阐明了经济范畴与经济关系的真正关系，阐明了政治经济学研究和关注的真正对象，同时奠定了科学的劳动价值论的基础。在《贫困》中，马克思完全站在赞同李嘉图劳动价值论的立场上，并从这一理论出发批判了蒲鲁东的经济学思想。然而，由于马克思这时尚没有从批判的立场出发来评价李嘉图的劳动价值论，所以他在分析经济问题和批判蒲鲁东的观点时还没有完全摆脱这一理论本身局限性的束缚。在对决定价值的劳动的认识上，他虽然在李嘉图理论的基础上对劳动过程的复杂性有所认识，但尚未提出自己有关劳动二重性的理论，对劳动与劳动力也没有做出科

---

① 黄楠森等主编：《马克思主义哲学史》第 1 卷，北京出版社 1996 年版，第 528—530 页。

学的区分；在对计量价值的劳动量的分析上，虽然他依据李嘉图的理论提出了用生产某种物品所需的“最低额”或“最低限度”时间来衡量其价值的原理，但还没有提出“社会必要劳动时间”的概念，因而对价值的定性定量分析尚待进一步深入。

汤在新[①]认为,《贫困》对政治经济学对象和方法的规定，已不限于一般的历史唯物主义原理，而深入通过对经济范畴的考察来加以论证。《贫困》对经济范畴的科学理解，对政治经济学对象和方法的新的规定，从根本上否定了把资本主义生产方式视为自然形态，从而把反映这一关系的经济范畴视为永恒范畴的资产阶级经济学，使政治经济学第一次有可能成为科学。在《贫困》中，马克思主义政治经济学方法论的基本要点已经形成，它标志着政治经济学中革命变革的开端。马克思虽然已经把价值理论作为分析资本主义经济的起点，但还没能在价值和使用价值对立统一的基础上把握商品，把商品当作资本主义社会的经济细胞。至于商品转化为货币以及货币转化为资本等一系列问题，更不具备

① 汤在新:《〈哲学的贫困〉是〈资本论〉理论形成的起点》，载《江汉论坛》1984 年第 2 期。

解决的理论前提。就剩余价值理论来看，马克思这时尽管已经知道剩余价值从哪里产生和怎样产生，但还没能对此做出科学的说明。这不仅表现在作为它的理论基础的价值理论尚不成熟方面，而且表现在这时尚未解决，甚至还没有发现导致李嘉图体系崩溃的矛盾。

余源培和付畅一[①]解释了马克思选择批判蒲鲁东来实现哲学与政治经济学结合的原因，他们认为这与蒲鲁东思想的特点有关，蒲鲁东想用哲学的观点为经济学提供一个内在的理论结构；他不满意资产阶级经济学家对经济现象所做出的实证性的解读，想透过纷繁的经济现象，发现现象之后的本质。这样一种诉求包含着政治经济学发展与变革的因素和可能，企图将黑格尔与李嘉图的思想结合起来，给社会主义运动提供一个理论基础，当时只有蒲鲁东。但是由于他狭隘的小资产阶级立场，特别是由于其非科学的历史观，蒲鲁东不可能完成对资产阶级经济学的批判，更不可能建立新的政治经济学，只有马克思才能胜任这一任务。

---

① 余源培、付畅一：《新世界观的第一次公开问世——对〈哲学的贫困〉的解读》，载《江苏社会科学》2010 年第 6 期。

3.《贫困》的整体研究：批判蒲鲁东的政治经济学方法论

《贫困》的第二章，马克思对蒲鲁东的哲学——政治经济学方法论进行了批判，这一章共分为五个小节，即“方法”“分工和机器”“竞争和垄断”“土地所有权或地租”“罢工和工人同盟”。在第二章里，马克思批判了蒲鲁东的《贫困的哲学》的方法和体系，同时表述了他自己的经济学方法和体系构思的概要。就是说，马克思是将历史唯物主义、辩证法方法与蒲鲁东的理论加以对照，试图揭露蒲鲁东的错误，指出蒲鲁东的辩证法是一种似是而非的辩证法。

奥伊泽尔曼[①]指出，反对马克思主义的资产阶级和修正主义的“批评家”，通常硬说马克思在《贫困》中，对辩证法，也包括对否定的否定规律在内，表示了否定态度。其实，马克思批判的仅仅是黑格尔的思辨辩证法和蒲鲁东对它的解释。而且特别需要着重指出的是，马克思对黑格尔和蒲鲁东的批判是从唯物辩证法的立场出发的。所以只有那

① ［苏］奥伊泽尔曼：《马克思主义哲学的形成》，潘培新等译，生活·读书·新知三联书店 1964 年版，第 542 页。

些不顾明显的事实而根本排斥唯物主义辩证法的可能性的人，才可以说得上是在否定辩证法。马克思反对的是唯心主义辩证法和它的信徒所鼓吹的不容怀疑的三段式运动，他丝毫也不怀疑包括否定的否定规律在内的辩证的发展观。

城塚登[①]指出，马克思在第二章中，通过批判蒲鲁东的辩证法，使自己的唯物史观愈加具体化。黑格尔的辩证法是观念的自我运动，它常常在确立自己的同时又同自己对立，通过它的斗争实现更高一级的统一。蒲鲁东从黑格尔辩证法那里，仅仅学到了观念产生现实以及正、反、合这一形式。在他看来，历史不是现实的历史，而是“在观念之后”形成的历史，对于各种经济范畴，他区别好的方面和坏的方面，他认为消除坏的方面集中好的方面就是辩证法。这是对黑格尔辩证法的严重曲解。

汤姆·洛克曼[②]认为马克思对蒲鲁东的批判像早先对待黑格尔一样，是从一个政治经济学家的高

---

① ［日］城塚登：《青年马克思的思想——社会主义思想的创立》，尚晶晶等译，求实出版社 1988 年版，第 129 页。

② ［法］汤姆·洛克曼：《马克思主义之后的马克思：卡尔·马克思的哲学》，杨学功等译，东方出版社 2008 年版，第 136 页。

度来进行的，马克思在第一章的批判中指出了蒲鲁东对商品价值的两种不同计算方式的混淆，蒲鲁东的分析理论无法超越资本主义的范畴。在第二章中马克思通过分析来说明蒲鲁东经济观点中的矛盾，用一系列的观察报告资料来检验蒲鲁东的方法，这一路径使得马克思能够置身于背景中批判蒲鲁东和黑格尔。具体来说，马克思坚持认为范畴并不是确定不变的，而仅仅是“历史的暂时的产物”，因而他既反对黑格尔，也反对蒲鲁东，特别是蒲鲁东含蓄地认为政治经济学提供的是对确定不变的现实特征的一种与历史无关的把握，没有看到社会是由一系列动态的或者辩证的关系构成的。对马克思来说，政治经济学是一门历史科学，它研究历史性变化着的社会生活关系。这种关系只不过是工业革命时期导致社会产生的斗争的暂时产物，而这个社会本身是受不同社会阶级之间的斗争所支配的。

张一兵[①]指出，第二章第一节批判蒲鲁东的假黑格尔主义的研究方法是全书较有价值的部分，即经济学研究的哲学指导方法问题。在这里马克思重

① 张一兵:《历史唯物主义与政治经济学的最初接合——蒲鲁东与马克思的〈哲学的贫困〉》，载《中共福建省委党校学报》1999 年第 1 期。

新讨论哲学，以历史唯物主义对资产阶级政治经济学方法论，特别是社会唯物主义的超越，同时，在说明资产阶级政治经济学深层唯心史观的前提下，再看蒲鲁东的肤浅性。因而，马克思自然站在一个远于所有资产阶级经济学家的理论逻辑尺度上，也能清楚地发现政治经济学的根本错误。

余源培和付畅一[①]指出，马克思从两个重要维度展开对资产阶级政治经济学的批判，摧毁其哲学形而上学前提和基础，即经济范畴与社会经济关系的关系和资产阶级政治经济学的观点是资本主义经济关系的理论产物。马克思认为政治经济学本质上是一门历史科学。资产阶级政治经济学如同产生它的资本主义制度一样，都是具体的、社会的、阶级的、暂时的，不可能是抽象的、自然的、超阶级的、永恒的东西。

黄楠森[②]认为，从马克思在《贫困》中对于蒲鲁东经济学思想的批判中可以看出，他始终是以在

---

① 余源培、付畅一：《新世界观的第一次公开问世——对〈哲学的贫困〉的解读》，载《江苏社会科学》2010年第6期。

② 黄楠森等主编：《马克思主义哲学史》第1卷，北京出版社1996年版，第528—530页。

《形态》中形成的哲学思想为理论武器的。历史唯物主义提供的科学方法为马克思在政治经济学领域进行新的开拓打下了基础，并使他获得了第一批政治经济学的研究成果。

综上，学界对《贫困》的整体研究主要集中于对文本的思想地位及内容的解读，研究焦点比较集中，因而可以对研究状况进行整体把握。

（二）《哲学的贫困》的具体研究：四大争论视角

近年来随着对《贫困》文本重视度的逐步提高，国内学术界对《贫困》的研讨有了一定程度的扩展。除了研究《贫困》与《资本论》之间的内在关联、《贫困》的思想史地位、《贫困》与唯物史观的关系等，还开始重视《哲学的贫困》和《贫困的哲学》的比较研究，阐述马克思和蒲鲁东的思想的特点与差异性；分析《贫困》中蕴含的其他思想，如社会有机体论等。笔者将主要从四个角度分析学术界对于《贫困》的争论。

1. 生产力和生产关系的辩证关系

杨耕在《〈哲学的贫困〉与历史唯物主义的形成》中认为，《形态》第一次全面地描述了历史唯物主义的基本内容。但是，准确地说，《形态》只是具备生产力决定生产关系的思想，并未将生产力和生产关系之间的关系直接确定下来。而《贫困》由于科学地制定了生产关系范畴，所以马克思在这里以一种令人信服的明确性，科学地表述了生产力决定生产关系的原理。主要表现为两个方面：首先，《贫困》对生产力和生产关系的辩证关系直接做了规定，明确指出“人们生产力的一切变化必然引起他们的生产关系的变化”；其次，生产力和生产关系之间关系的直接规定，使社会关系、生产关系和生产力三者之间的内在联系明确化、科学化了。“随着新生产力的获得，人们改变自己的生产方式，随着生产方式即保证自己生活的方式的改变，人们也就会改变自己的一切社会关系。”[①]

不同于杨耕肯定《贫困》中科学地表述了生产力决定生产关系的原理，杨士君认为虽然马克思在《贫困》中使生产力和生产关系的关系科学化、规范化了，但是并没有过多地谈二者的关系问题。这一思想是在以后的《共产党宣言》和《资本论》中

① 杨耕：《〈哲学的贫困〉与历史唯物主义的形成》，载《云南社会科学》1986 年第 1 期。

才被充分证实和发挥。[①]

唐正东则直接认为在当时经济学研究水平之后的前提下，马克思尚无法清晰地建构历史唯物主义的具体历史理论。作者认为在《形态》中，马克思已经清晰地认识到："一切历史冲突都根源于生产力和交往形式之间的矛盾"。[②]应该说，这种观点对于阐明历史唯物主义哲学来说已经足够了，因为作为哲学层面的历史唯物主义就是从历史本质矛盾的角度阐明社会历史发展过程的世界观和方法论。但如果从运用这种历史唯物主义哲学来研究现实历史过程的具体历史理论的角度来看，这种观点由于尚未清晰地阐明生产力和交往形式之间是何以构成矛盾的，因而还有待于进一步发展。但作者也认为，在《贫困》中，马克思显然还无法像在后来的《资本论》中那样，准确地解读生产力和生产关系的矛盾的具体内容，因为只有真正达到生产关系而不是分配或交换关系的层面，才可能完成这种客观的解

---

① 杨士君：《唯物史观形成的标志——〈哲学的贫困〉》，载《松辽学刊》1988年第4期。

② 马克思、恩格斯：《德意志意识形态》（节选本），人民出版社2003年版，第60页。

读。而此时的马克思还只是从不平等的分配关系的角度来理解生产关系的内涵及其与生产力的矛盾，因而实际上还无法真正理解这两个因素之间的内在矛盾。当他达到开始意识到与分配关系不同的生产关系的真实内涵的理论层面[①]，是在1847年12月的《雇佣劳动与资本》中。[②]

2. 无产阶级革命和无产阶级专政观

关于马克思《贫困》中是否体现无产阶级革命的思想，学界的结论一般是统一的，那就是普遍认为体现了这种观点。梅林在《马克思传》中认为，马克思阐明了蒲鲁东根本不愿意承认的罢工和工人同盟的历史意义。共同的反抗思想使工人结成同盟，在这一同盟中包含着未来战斗的一切要素。而无产阶级和资产阶级之间的对抗是一个阶级反对另

---

① 在《雇佣劳动与资本》中，马克思开始认识到活劳动是替积累起来的劳动充当保存并增加其交换价值的手段，“只是由于积累起来的、过去的、对象化的劳动才变为资本。资本的实质并不在于积累起来的劳动是替活劳动充当进行新生产的手段。它的实质在于活劳动是替积累起来的劳动充当保存并增加其交换价值的手段”。这标志着他开始意识到与分配关系不同的生产关系的真实内涵，尽管由于他此时还没得出劳动力的概念，因而还不可能得出剩余价值的观念，但他毕竟在剩余产品的问题上已经具有了正确的观点。

② 唐正东：《对蒲鲁东的批判给马克思带来了什么？——〈哲学的贫困〉的思想史地位辨析》，载《江苏社会科学》2010年第2期。

一个阶级的斗争，这个斗争的最高表现就是一次全面的革命。[①]

黄楠森同样认为针对蒲鲁东否定一切政治斗争和革命行动的观点，马克思还阐明了阶级斗争和政治革命在历史发展中的作用。在文明社会的历史中，生产力和阶级对抗是同时发展的。被压迫阶级的存在是每一个以阶级对抗为基础的社会的必要条件，而被压迫阶级的解放则意味着革命的发生和新社会的建立，这是历史的必然。[②]之后学界也基本持相同的看法。

而关于这部著作是否体现出无产阶级专政观，学界则产生了分歧。翻看以往的经典著作，可以发现学者基本没有提及无产阶级专政观。笔者所能掌握到的最早提及无产阶级专政观的是李景禹的《〈哲学的贫困〉是第一部成熟的马克思主义著作》。他认为，马克思在社会理论方面，第一次阐明了无产阶级革命和无产阶级专政的观点。在《贫

---

① ［德］梅林：《马克思传》，樊集译，人民出版社1965年版，第167页。

② 黄楠森：《马克思主义哲学史》，高等教育出版社2012年版，第59页。

困》一书中，马克思从无产阶级在资本主义社会中所处的地位出发，进一步强调了无产阶级的伟大使命，教导无产阶级要致力于推翻资产阶级的政治统治和资本主义的社会制度，为自己上升为统治阶级而斗争。马克思写道："工人阶级在发展进程中将创造一个消除阶级和阶级对立的联合体来代替旧的资产阶级社会，从此再不会有任何原来意义的政权了。因为政权正是资产阶级社会内部阶级对立的正式表现。"作者认为，马克思的这段话使我们看到了马克思主义在国家问题上一个最卓越、最重要的思想——无产阶级专政思想的科学表述。一个无疑具有巨大理论价值的科学表述。[①]

不同于李景禹对无产阶级专政观点提出的肯定，葛锡有等进一步认为马克思在《贫困》里，并没有提出无产阶级专政的科学概念，但却包含着无产阶级专政的萌芽。[②]同样，陈延斌认为马克思在阐述自己科学社会主义的一系列原理中，特别是在通向

---

① 李景禹:《〈哲学的贫困〉是第一部成熟的马克思主义著作》，载《东北师大学报》(哲学社会科学版) 1993年第1期。

② 中国人民大学马列主义发展史研究所:《马克思恩格斯思想史》，上海人民出版社 1982年版，第161页。

社会主义、共产主义的途径上，提出必须通过无产阶级专政。他指出："工人阶级在发展进程中将创造一个消除阶级和阶级对立的联合体来代替旧的资产阶级社会，从此再不会有任何原来意义上的政权了。"虽然"无产阶级专政"的概念在总结1846年革命时才明确提出，但其思想在这里已基本形成了。[①] 而且这一点马克思本人和列宁都有所阐述。[②]

与前面学者相比，何祚荣在《〈哲学的贫困〉论及无产阶级专政了吗？》鲜明地提出马克思在这部著作里根本没有涉及这个观点。作者反复阅读《哲学的贫困》第二章第五节最后七、八段，认为马克思只是指出了无产阶级革命的必要性，最终目的是要消灭一切阶级，但并没有具体阐明在无产阶级用暴力推翻资产阶级统治之后、阶级消灭之前必须实

---

① 陈延斌：《论〈哲学的贫困〉在马克思主义发展史上的地位》，载《南京师大学报》（社会科学版），1998年第1期。

② 1850年7月4日，马克思在《致〈新德意志报〉编辑的声明》中谈到通过无产阶级专政达到消灭阶级这一观点时讲："您知道，还在1848年2月之前我在《哲学的贫困》这本书里在反对蒲鲁东的时候也维护了这样的观点。"列宁在《国家与革命》一书中引述了这段话及《共产党宣言》的几段话也评论说："在这里我们看到马克思主义在国家问题上的一个最卓越最重要的思想即'无产阶级专政'（如马克思和恩格斯在巴黎公社失败以后所说的那样）这个思想的表述。"

行无产阶级专政，并通过这个专政政权来全盘改造旧社会从而消灭阶级的意思。至多只能说这个观点已经默默地包含同无产阶级专政的思想并不矛盾的意思，但它毕竟没有说出来，那就不能认为它阐述了无产阶级专政的思想。[①]

3.《哲学的贫困》和《资本论》的关系

关于《哲学的贫困》和《资本论》的关系，学界基本上是持相同的观点，即认为《贫困》是《资本论》理论形成的起点。马雷什认为，《贫困》在很大程度上为马克思自己在《资本论》中所达到的分析的顶峰做了准备，在那里给了资本主义以致命的、无情的批判，同时也给了体现在资产阶级政治经济学、资产阶级哲学以及资产阶级史学中的资本主义的“科学良心”以致命的无情打击。到了 1880 年，马克思本人关于《贫困》说了如下的话：“在该书中还处于萌芽状态的东西，经过二十年的研究之后，变成了理论，在《资本论》中得到了发挥。”[②]

余源培和付畅一在《新世界观的第一次公开问

---

① 何祚榕:《〈哲学的贫困〉论及无产阶级专政了吗?》，载《教学与研究》1983 年第 4 期。

② 《马克思恩格斯全集》第 19 卷，人民出版社 1963 年版，第 248 页。

世——〈哲学的贫困〉当代解读》同样认为《贫困》是《资本论》的萌芽，标志着马克思在政治经济学上革命变革的新的进军。[①] 汤在新全面分析了为何《贫困》是《资本论》理论形成的起点。他认为具有决定意义的，是《贫困》对价值理论和剩余价值理论所奠定的初步基础。在《贫困》中，一方面，《资本论》理论的核心及其基石已经明确，就这个意义说，《资本论》理论的基本轮廓已经勾画出来；另一方面，《资本论》理论的这些因素还只是处于萌芽状态中，一系列理论难题难以解决，而这些理论问题的解决，从萌芽到成熟，也正是创立《资本论》的过程。可见，马克思把这部著作而不是在此之前或之后的其他著作看作自己理论的起点，是十分恰当的。[②]

总之，《贫困》在马克思思想发展进程中起着承上启下的作用。离开了《哲学的贫困》，我们就无法理解马克思在整合唯物史观、政治经济学批判和

---

① 余源培、付畅一：《新世界观的第一次公开问世——〈哲学的贫困〉当代解读》，复旦大学出版社 2012 年版，第 5 页。

② 汤在新：《〈哲学的贫困〉是〈资本论〉理论形成的起点》，载《江汉论坛》1984 年第 2 期。

社会主义学说的过程中所实现的思想变革性意义，更无法说明马克思之后思想发展的来源与出处。

4.《哲学的贫困》中的辩证法问题

《哲学的贫困》在对蒲鲁东的方法论进行批判的其中一个重点就是对他的庸俗辩证法的批判，蒲鲁东将黑格尔的辩证法应用到政治经济学领域，但他理解的辩证法仅仅是理性的诸多范畴“正题”“反题”“合题”的运动，而将矛盾的克服仅仅理解为保留肯定的方面，去除否定的方面。在批判蒲鲁东的同时通常认为马克思也阐释了自己的辩证法的思想，主要是扬弃黑格尔的辩证法当中的思辨唯心主义因素，新的基础上将黑格尔的辩证法加工改造成马克思主义唯物辩证法的理论基础。黄先生将《贫困》中所体现的唯物辩证法原理归结为矛盾的“对立统一”的规律和“否定之否定”规律。[①]学界对这一问题的争议的症结点通常在于马克思究竟是侧重于前者还是后者，池超波、王晓升则另辟蹊径，从马克思主义辩证法思想的形成过程出发，认为马克思在《贫困》中改造了黑格尔和蒲鲁东对范畴的

---

① 黄楠森:《马克思主义哲学史》第 1 卷，北京出版社 1996 年版，第 555—557、561—563 页。

唯心主义的理解，揭示了辩证运动的实质就是从一个范畴推演出另一个范畴从而形成一个范畴体系的范畴的运动。[①] 赵家祥老师旗帜鲜明地反对这种观点，在他的论文当中指出："两个相互矛盾方面的共存、斗争以及融合成一个新范畴，就是辩证运动"这句话是马克思对黑格尔关于范畴的辩证运动及其构造体系的方法的概括，而不是马克思本人的思想，离开历史的客观进程单纯讲范畴的辩证运动的观点决不是马克思的观点。[②] 笔者认同赵老师的观点，如果说"对立统一"规律和"否定之否定"规律的争议还是在马克思主义哲学的领域内的争论的话，将马克思的辩证法理解为范畴的辩证法就直接将马克思主义哲学拉到和蒲鲁东同一水准，这是无法理解的。

此外，意大利学者沃尔佩在《卢梭和马克思》一书中提出了"科学辩证法"的概念，但就书中内容来看，这一概念的侧重点似乎并不是辩证法，而

---

① 池超波、王晓升：《论范畴运动的辩证法——读马克思的〈哲学的贫困〉》，载《福建论坛》（人文社会科学版）1990 年第 6 期，第 7—13 页。

② 赵家祥：《切莫再把黑格尔的思想当作马克思的思想引证——对〈哲学的贫困〉中一段话的解读》，载《理论视野》2013 年第 11 期，第 24—27 页。

在于“科学”这一前缀，即强调要对先验的、思辨的辩证法的“神秘化了的”、被扭曲的结构及其最终结果进行唯物主义的历史分析。[①]

概言之，《贫困》代表的是马克思思想发展历程中一个闪光的阶段，它在马克思主义发展史上有着不可替代的地位：第一，它表示着在这之前一切批判研究的最高成就，即唯物史观的最初的、公开的、论战式的表述；第二，以唯物主义历史观为评价标准，我们可以划清马克思与当时在德国和法国流行的各种社会主义理论或共产主义思潮的界限；第三，《贫困》昭示出，唯物史观作为方法论是马克思及其后继者观察和分析一切社会问题的重要指导；第四，《贫困》在理论上的重大突破，不仅在于进一步明确和发挥了《形态》中提出的唯物史观，而且在于按照唯物史观的哲学范式来规定政治经济学的对象和方法，从而将政治经济学变成一门历史科学；第五，《贫困》还表明唯物史观多具有的理论品质，即其开放性。如果说从《手稿》到《形态》，马克思对政治经济学的批判催生了唯物史

---

① ［意］德拉·沃尔佩：《卢梭和马克思》，赵培杰译，重庆出版社1993年版，第180页。

观这个哲学之果，那么，《贫困》则是自觉运用唯物史观、催生新政治经济学之果，其成熟于《资本论》。我们可以清楚地看到，《贫困》作为马克思新世界观公开问世的代表作品是当之无愧的。因而对《贫困》进行深入的文本研究理论意义不言而喻。

参考文献

1.《马克思恩格斯全集》第 4 卷，人民出版社 1958 年版。

2.《马克思恩格斯文集》第 1 卷，人民出版社 2009 年版。

3.《马克思恩格斯全集》第 34 卷，人民出版社 1972 年版。

4.《列宁全集》第 8 卷，人民出版社 1986 年版。

5.《列宁选集》第 1 卷，人民出版社 2012 年版。

6. [法]蒲鲁东:《贫困的哲学》，余叔通等译，商务印书馆 1998 年版。

7. [德]弗・梅林:《马克思传》，樊集译，生活・读书・新知三联书店 1965 年版。

8. [德]海因里希・格姆科夫:《马克思传》，易廷镇等译，人民出版社 2000 年版。

9. [英]戴维・麦克莱伦:《卡尔・马克思传》，中国人民大学出版社 2005 年版。

10. [苏]彼・费多谢耶夫:《卡尔・马克思》，生活・读书・新知三联书店 1980 年版。

11. [苏]阿・伊・马雷什:《马克思主义政治经济学的形成》，刘品大等译，四川人民出版社 1983 年版。

12. [苏]罗森别尔格:《十九世纪四十年代马克思恩格斯经济学说发展概论》，方钢等译，生活・读书・新知三联书店 1958

年版。

13. [苏]维·索·维戈茨基:《〈资本论〉创作史》，刘品大等译，福建人民出版社 1983 年版。

14. [苏]卢森贝:《政治经济学史》，翟松年等译，生活·读书·新知三联书店 1959 年版。

15. [日]望月清司:《马克思历史理论的研究》，韩立新译，北京师范大学出版社 2009 年版。

16. [德]克利姆:《马克思文献传记》，李成毅等译，河南人民出版社 1992 年版。

17. [苏]奥伊泽尔曼:《马克思主义哲学的形成》，潘培新等译，生活·读书·新知三联书店 1964 年版。

18. [德]克莱恩:《马克思主义哲学史:从马克思主义哲学的产生到巴黎公社之前》，熊子云等译，中国人民大学出版社 1983 年版。

19. [德]瓦·图赫舍雷尔:《马克思经济理论的形成和发展 1843—1858》，马经青译，人民出版社 1981 年版。

20. [法]汤姆·洛克曼:《马克思主义之后的马克思: 卡尔·马克思的哲学》，杨学功等译，东方出版社 2008 年版。

21. [日]城塚登:《青年马克思的思想——社会主义思想的创立》，尚晶晶等译，求实出版社 1988 年版。

22. 孙伯鍨:《探索者道路的探索》，江苏人民出版社 2010 年版。

23. 张一兵:《回到马克思》，江苏人民出版社 2009 年版。

24. 黄楠森等主编:《马克思主义哲学史》第 1 卷，北京出版社 1996 年版。

25. 黄楠森:《马克思主义哲学史》，高等教育出版社 2012 年版。

26. 中国人民大学马列主义发展史研究所:《马克思恩格斯思想史》，上海人民出版社 1982 年版。

27. [德]德拉沃尔佩:《卢梭和马克思》，赵培杰译，重庆出版社 1993 年版。

28. 余源培、付畅一:《新世界观的第一次公开问世——〈哲学的贫困〉当代解读》，复旦大学出版社 2012 年版。

29. 汤在新:《〈哲学的贫困〉是〈资本论〉理论形成的起点》，载《江汉论坛》1984 年 2 期。

30. 张一兵:《历史唯物主义与政治经济学的最初接合——蒲鲁东与马克思的〈哲学的贫困〉》，载《中共福建省委党校学报》1999 年第 1 期。

31. 杨耕:《〈哲学的贫困〉对历史唯物主义的科学表述》，载《马克思主义研究》1985 年第 4 期。

32. 唐正东:《对蒲鲁东的批判给马克思带来了什么？——〈哲学的贫困〉的思想史地位辨析》，载《江苏社会科学》2010 年第 2 期。

33. 余源培、付畅一:《新世界观的第一次公开问世——对〈哲学的贫困〉的解读》，载《江苏社会科学》2010 年第 6 期。

34. 杨耕:《〈哲学的贫困〉与历史唯物主义的形成》，载《云南社会科学》，1986 年第 1 期。

35. 杨士君:《唯物史观形成的标志——〈哲学的贫困〉》，载《松辽学刊》1988 年第 4 期。

36. 马克思、恩格斯:《德意志意识形态》(节选本)，人民出版社 2003 年版。

37. 李景禹:《〈哲学的贫困〉是第一部成熟的马克思主义著作》，载《东北师大学报》(哲学社会科学版)，1993 年第 1 期。

38. 陈延斌:《论〈哲学的贫困〉在马克思主义发展史上的地位》，载《南京师大学报》(社会科学版)，1998 年第 1 期。

39. 何祚榕:《〈哲学的贫困〉论及无产阶级专政了吗?》，载《教学与研究》1983 年第 4 期。

40. 汤在新:《〈哲学的贫困〉是〈资本论〉理论形成的起点》，载《江汉论坛》1984 年第 2 期。

41. 池超波、王晓升:《论范畴运动的辩证法——读马克思的〈哲学的贫困〉》，载《福建论坛》(人文社会科学版) 1990 年第 6 期。

42. 赵家祥:《切莫再把黑格尔的思想当作马克思的思想引证——对〈哲学的贫困〉中一段话的解读》，载《理论视野》2013 年第 11 期。

43. 姜汪维:《两种辩证法的交锋——从方法论视角看〈哲学的

贫困〉对〈贫困的哲学〉的批判》，载《当代世界社会主义问题》2018 年第 3 期。

44. 尤歆惟:《回到马克思的方法论原点——论〈哲学的贫困〉中马克思对辩证法的态度》，载《长白学刊》2018 年第 4 期。

45. 李楠:《马克思对蒲鲁东思想的哲学批判》，河北大学出版社 2018 年版。

46. 杨洪源:《抽象原理的更准确表述抑或“鲜活”思想的延续——重新探究〈哲学的贫困〉与〈德意志意识形态〉的关系》，载《马克思主义哲学论丛》2018 年第 1 期。

47. 李海星:《从〈贫困的哲学〉到〈哲学的贫困〉再到〈摆脱贫困〉——马克思主义反贫困理论的探索与实践》，载《马克思主义与现实》2018 年第 2 期。

48. 王德峰:《〈哲学的贫困〉对于我们时代的意义》，载《云南大学学报》(社会科学版)2017 年第 16 期。

49. 李怀涛、于瑞瑞:《马克思〈哲学的贫困〉对蒲鲁东政治经济学方法论的批判》，载《学术交流》2017 年第 11 期。

50. 冯景源:《从〈德法年鉴〉到〈哲学的贫困〉:马克思主义“三者统一”第一个理论驿站》，载《东南学术》2017 年第 5 期。

51. 俞凤、郭海龙:《历史唯物主义与经济学的初次结合——读〈哲学的贫困〉》，载《中共福建省委党校学报》2017 年第 6 期。

52. 何莹:《政治经济学批判与形而上学批判的统一——〈哲学

的贫困〉对价值的二律背反的批判》，载《教学与研究》2017年第5期。

53. 顾海良：《马克思政治经济学有决定意义论点的第一次科学概述——马克思〈哲学的贫困〉读解》，载《马克思主义理论学科研究》2017年第3期。

54. 何莹：《马克思在〈哲学的贫困〉中对主观思想的批判》，载《学术交流》2017年第1期。

55. 杨洪源：《同时代思想图景中的〈哲学的贫困〉》，载《哲学动态》2016年第11期。

56. 赵家祥：《〈哲学的贫困〉在马克思主义发展史上的地位》，载《中国延安干部学院学报》2016年第9期。

57. 杨洪源：《在马克思的思想进程中把握〈哲学的贫困〉》，载《马克思主义哲学论丛》2015年第4期。

58. 杨洪源：《重新研究〈哲学的贫困〉：意旨、思路与结构》，载《哲学动态》2015年第11期。

59. 张迪：《批判与建构：论马克思〈哲学的贫困〉中的政治经济学理论》，载《当代世界与社会主义》2014年第5期。